크리스천 코칭 워크북

소그룹과 공동체를 위한

크리스천 코칭 워크북

브릿지 코칭센터
BRIDGE COACHING CENTER

어느 목회자 한 분이 나에게 "윤코치님, 교회에 사용할 만한 코칭프로그램이 없나요? 아무리 찾아도 안 보이네요."라고 하소연을 하셨다. 그분께 조금이나마 도움이 되고자 하는 마음에 인터넷 서점에 게시된 크리스천 코칭에 관한 책들을 검색했는데, 없어도 너무 없다는 사실에 많이 놀랐다. 그저 외국인 코치가 쓴 책 몇 권과 연애를 위한 코칭 책 몇 권, 코칭의 이름을 빌린 자기계발서만이 눈에 띌 뿐이었다. 크리스천 코칭의 이해를 돕고, 기본적 기술을 습득할 수 있는 적절한 프로그램이 거의 없다는 것이 안타깝게 느껴졌다.

이러한 안타까움이 크리스천들의 의식을 일깨우고, 삶의 터전에 적용할만한 프로그램 성격의 책을 쓰고 싶은 열망으로 이어졌고, 이 책을 쓰게 된 동기가 되었다.

이 책은 모든 크리스천들이 코칭을 쉽게 배울 수 있도록 고안된 크리스천 코칭의 기반이자 입문 프로그램의 워크북이다. 특히 교회 목회자와 소그룹 및 셀 리더, 목자, 구역장, 재직자, 교사, 선교사, 양육자 등 리더들에게 유용하다. 교회 리더들의 사역을 돕기 위한 탁월한 양육 및 훈련 도구라 할 수 있다.

이 책은 크리스천 코칭프로그램의 워크북의 성격이기 때문에 혼자서 공부하는 것은 어렵고, 워크숍을 인도할 수 있는 코치의 인도를 받아야 한다. 물론 워크숍에 참여할 수 없는 형편에 놓여 있는 크리스천들을 위해 스스로 워크북과 함께 공부할 수 있는 풀이집 성격의 책을 준비하고 있다.

이 책이 크리스천 코칭 분야의 최고의 책이라는 것은 아니다. 예수님의 길을 예비한 세례 요한처럼, 그저 이 책을 시발점으로 향후에 이 책보다 더 탁월한 수많은 저서와 논문들이 쏟아져 나오길 바라고 기대하는 마음으로 이 책을 집필하였다.

이 책이 나오기까지 도움을 주신 분들에게 감사를 전하고 싶다. 우선 나를 코치로서 훈련시켜 주신 코칭스승님 김만수, 우수명, 이근모, 최강석, 폴정, 황현호 코치님과 개신대학원대학교 유충열, 홍광수, 박복원, 이상돈 교수님께 감사를 드린다. 이 분들은 나에게 코치로서 의식을 확장하는데 도움을 주셨고, 실용적인 코칭기술을 가르쳐 주셨다. 그뿐만 아니라 코칭과 관련된 귀한 자료도 아낌없이 내어 주셨고, 내가 평생 추구할 크리스천 코칭에 대한 비전과 방향성을 가질 수 있도록 표지판 역할을 해 주셨다.

또한 박윤미 코치님께 특별히 감사드린다. 박코치님이 아니었으면 이 책이 세상에 나오기 어려웠을 것이다. 처음부터 이 책의 편집과 디자인뿐만 아니라 다양한 의견을 개진해 주셨다. 그리고 의왕 코치모임의 김혜영, 김성실, 정줄기, 조영란 코치님과 강남 코치모임의 윤성혜, 김서경, 양정화, 유혜정 코치님께 감사를 드린다. 이들은 나의 가족들과 같은 동역자들로서 아낌없이 나를 응원해 주셨으며, 때로는 영혼마저 털릴 것 같은(?) 예리한 피드백으로 본서의 수준을 높이는데 큰 도움을 주셨다. 책이 아름답게 나올 수 있도록 마무리하느라 수고를 아끼지 않으신 이보다나 자매님과 기도로 마음을 함께 해주신 박종현 목사님을 비롯한 함께심는교회 성도들에게도 감사를 드린다. 안영수 형제에게도 감사의 말을 하고 싶다. 그는 순전한 믿음과 열정으로 창의적인 도전을 주었고, 하나님 사역에 대한 꿈을 함께 공유하는 친구이자 동역자이다.

그리고 무엇보다도 내가 가장 사랑하는 아내 김소림과 아들 윤이언에게 감사한 마음을 전하고 싶다. 아내의 헌신적인 기도와 격려, 지원이 아니었다면 나는 결코 코치가 될 수 없었을 것이다. 아들 이언이는 내가 힘들고 지칠 때마다 힘을 솟게 하는 비타민과 같은 존재이다.

마지막으로 본서의 존재 이유가 되시는 우리 주님께 감사와 영광을 올려드린다. 나는 본래 이 책을 쓸 만한 지혜나 능력이 없는 사람이다. 사랑하는 주님께서 성령으로 기름 부어주셨고, 한없는 은혜와 진리로 나를 이끄셨다.

부디 이 책이 가정을 회복시키고, 교회와 선교지에 많은 코치와 코칭리더십을 세우는데 귀하게 쓰여지길 바란다. 또한 코칭이 복음의 접촉점이 되어 많은 생명을 구원에 이르게 하며 하나님 나라가 날마다 확장되어 가는데 귀한 통로로 사용되어 지길 간절히 기도한다.

윤하준

Contents

크리스천 코칭 워크북

CHRISTIAN
COACHING

- 첫 번째 트랙

크리스천 코칭

나를 소개합니다

1   자신의 이름을 풀이하거나 자신을 상징이나 비유를 통해 소개해 보세요.

2   과거에 가장 행복한 순간을 사진으로 찍었습니다. 어떤 장면일까요?

3   지금까지 칭찬 받았거나 보람을 느낀 일 중 가장 기억에 남는 일이 있다면 무엇입니까?

4   10년 후 당신은 인생에서 가장 빛나는 존재가 되었습니다. 어떤 모습일까요?

5   이 과정을 통해 꼭 얻어가고 싶은 한 가지가 있다면 그것은 무엇일까요?

워크숍 규칙(Ground rule)에 대한 약속

1. 이 시간을 통해 내 존재를 깨닫고 찾을 수 있도록 노력하겠습니다.

2. 배움과 성장의 관점에서 마음을 열고 나눔과 실습에 참여하겠습니다.

3. 상대방에 대해 존중하는 마음을 가지고 지지하고 응원하겠습니다.

4. 파트너 및 조원들과 나눈 코칭 내용에 대해 비밀을 지키겠습니다.

5. 시간 약속, 과제 이행 등 책임감을 가지고 성실히 임하겠습니다.

6. (스스로)

년   월   일

성명   (서명)

학습목표

1. 일반대화와 코칭대화의 차이점을 구별할 수 있다.
2. 코칭의 필요성과 효과성을 인식할 수 있다.
3. 코칭의 유래, 정의, 철학을 이해할 수 있다.
4. 코칭의 변화원리를 이해할 수 있다.
5. 코칭과 유사전문영역의 차이점을 설명할 수 있다.

모듈 1. 코칭의 이해

사람의 마음에 있는 모략은 깊은 물 같으니라 그럴지라도 명철한 사람은 그것을 길어 내느니라 _잠언 20:5

1. 일반대화와 코칭대화

1) 코칭 시연

먼저 코칭 시연을 본 후, 일반 대화와 코칭 대화의 차이점을 검토해 보고 상대방과 의견을
나눠봅시다.

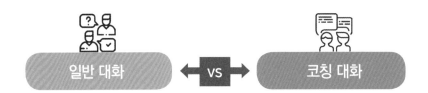

	일반 대화	코칭 대화
차 이 점		

2) 코칭 대화 실습

앞에서 본 코치의 시연을 토대로 상대방과 일반 대화와 코칭 대화의 실습을 진행합니다.
한 사람이 끝나면 역할을 바꿔서 대화를 진행합니다.

| 코치 | 한 주일의 삶 가운데 행복했던 일이 있다면 나눠 주시겠어요? |

고객

| 코치 | 무엇인가 이루고 싶거나 더 잘 해보고 싶은 것이 있다면 어떤 것이 있나요? |

고객

| 코치 | 그것은 당신에게 어떤 의미입니까? |

고객

| 코치 | 그것을 이룬 최상의 모습을 상상해본다면 어떤 모습일까요? |

고객

| 코치 | 하나님은 그 모습에 대해 어떻게 생각하실까요? |

고객

| 코치 | 현실적인 어려움은 무엇입니까? |

고객

| 코치 | 그럼에도 불구하고 목표를 이룰 수 있는 방법을 생각해 본다면 어떤 것이 있을까요? (또, 또) |

고객

| 코치 | 그 중에서 어떤 것을 먼저 시도해 보시겠습니까? |

고객

| 코치 | 그것을 언제 시도해 보시겠습니까? |

고객

2. 코칭의 효과

1) 성과 향상

- 리더가 효과적으로 코칭을 하면

(Based on analysis of 4000 managers, 1400 senior executives, 46 learning executives
by Corporate Executive Board, 2006)

- 생산성

교육만으로 생산성 (   )향상

교육과 코칭을 함께 활용할 때, 생산성 (   ), 약 4배 정도 향상시킴.

(Business Magazine Chemistry Section, 2002. 11.)

- ROI 투자 회수율

프로 코치를 도입한 기업은 투자비용의 (   ) 수익, 개인 고객은 (   ) 수익

(ICF Global Coaching Client Study, 2009.)

- 포춘 500대 기업의 CEO 중 (   ) 이상 코칭을 받고 있음.

임원 코칭과 비즈니스 코칭, 매년 (   )씩 성장하고 있음.

(Economist, 2010, 9.)

- $2.4 bilion(2조4천억원) 시장은 매년 (   )의 놀라운 속도로 성장하고 있음.

(Market Data Report, 2011.)

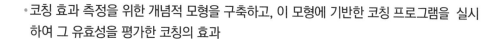

• 코칭 효과 측정을 위한 개념적 모형을 구축하고, 이 모형에 기반한 코칭 프로그램을 실시
  하여 그 유효성을 평가한 코칭의 효과

   – 조직몰입 (32.6%)

   – 자기효능감 증진 (23.1%)

   – 가족관계 향상 (22.6%)

   – 직무성과 향상 (15.4%)

  (조성진-송계충, 2010년 인적자원개발 연구, "코칭 효과 연구를 위한 코칭 프로그램 개발과 평가")

Note

2) 패러다임의 변화

과거	현재 & 미래
상부구조 중심	**하부구조 중심**

상부구조 중심

- 동질적인 매니지먼트
- 상사가 해답을
- 조건부 신뢰
- 지시명령형 의사소통
- 지배, 종속의 관계
- 세로형 조직
- 일방적 커뮤니케이션

하부구조 중심

- 개인의 다양화 수용
- 부하가 해답을
- 무조건적 신뢰, 후원
- 질문형 의사소통
- 협동적 인간관계
- 가로형 조직
- 양방향 커뮤니케이션

• 제 4차 산업혁명

물리학 기술	무인운송수단 3D 프린팅 로봇공학 신소재	융복합
디지털 기술	사물인터넷 빅데이터 인공지능	사이버 물리시스템 생체조직프린팅
생물학 기술	합성생물학 등 유전공학 스마트 의료	

Note

19

3) 코칭의 사례

"코치를 고용하라" – 내 인생 최고의 조언이다.
"내가 세상에서 이 일을 제일 잘하는데 코치가 무슨 조언을?" 하는 생각이었다. 그런데 막상 코
  칭을 받고 보니 달랐다. 사업상 마찰이 생기면 문제 자체에 갇히는 경향이 있다. 코치는 내게
  한 단계 올라선 긴 안목을 갖도록 도와주었다. 코치는 정말 도움이 된다.
_에릭 슈미트, Google 전 회장

까칠하기로 유명한 스티브 잡스마저 빌 캠벨 코치에게 모든 고민을 털어놓았다.
주말마다 1시간씩 스탠퍼드대 교정을 같이 산책하면서 말이다.
_스티브 잡스, 2008년 Fortune

미래에는 코치가 아닌 사람은 승진되지 못할 것이다. 코치인 관리자가 표준이 될 것이다.
_잭 웰치, GE 회장

Everyone Needs a Coach
모든 사람에게는 코치가 필요하다.
_빌 게이츠, 마이크로소프트 회장

2000년도 닛산자동차에 회장으로 취임한 카를로스 곤 사장이 부임하자마자 코칭을 도입하여 본인을 비롯한 임원 및 중견간부 600명을 3개월 동안 코칭하였고, 1년 후에는 2,500명을 대상으로 코칭교육을 실시하였다. 사장으로 취임한지 1년 후 닛산은 6,800억엔 적자에서 3,311억엔 흑자 기업으로 탈바꿈했다.

_카를로스 곤, 닛산자동차 사장

포춘 500대 기업의 CEO 중 50% 이상이 코칭을 받고 있으며, LG, 포스코, KT, SKT, 펩시콜라, 시티은행, 듀폰, 화이자 등 무수한 굴지의 기업이 전통적인 "평가하고 보상을 하는 시스템"에서 코칭을 추가하여 실시하고 있다.

3. 코칭의 정의

크리스천 코칭

크리스천 코칭이란 성령의 조명 아래 기도와 말씀을 기반으로 그리스도 안에서 개인과 공동체의 가능성을 극대화하여 경이로운 미래를 이룰 수 있도록 섬기는 관계방식이다.

(사)한국코치협회

코칭이란 개인과 조직의 잠재력을 극대화하여 최상의 가치를 실현할 수 있도록 돕는 수평적 파트너십이다.

ICF(국제코치연맹)

코칭은 고객의 개인적, 직업적 가능성을 극대화하기 위해 영감을 불어넣고 사고를 자극하는 창의적 프로세스 안에서 고객과 파트너 관계를 맺는 것이다.

자신만의 정의

다양한 코칭의 정의

존 휘트모어_〈성과 향상을 위한 코칭 리더십 저자〉

코칭은 개인의 잠재능력을 최대한 발휘하도록 하는 것으로 가르치기보다 스스로 배우도록 돕는다. 우리 모두는 아름드리 떡갈나무로 자라날 잠재력을 지닌 도토리이다.

티머시 골웨이_〈이너게임 저자〉

코칭은 성과를 극대화하기 위해 묶여있는 개인의 잠재능력을 풀어주는 것이다. 사람들이 코치의 가르침에만 의존하지 않고 스스로 배우도록 도와주는 것이다.

게리 콜린스_〈코칭 바이블 저자〉

코칭은 한 개인이나 그룹을 현재 있는 지점에서 그들이 바라는 더 유능하고 만족스러운 지점까지 나아가도록 인도하는 기술이자 행위이다.

4. 코칭의 철학

크리스천 코칭

코칭은 하나님의 존재 영역이며, 사람은 지성과 감정과 의지를 가지고 하나님 안에서 해결자원이 풍부한 창의적인 존재라고 믿는다.

① 코칭은 하나님의 존재 영역(골 2:9, 10)

② 전인적(창 1:27)

③ 하나님 안에서 해결 자원이 풍부(빌 4:13)

④ 창의적(창 2:19)

(사)한국코치협회

고객 스스로가 자신의 사생활 및 직업생활에 있어서, 그 누구보다도 잘 알고 있는 전문가로서 존중하며, 모든 사람은 창의적이고, 완전성을 추구하고자 하는 욕구가 있으며, 누구나 내면에 자신의 문제를 스스로 해결할 수 있는 자원을 가지고 있다고 믿는다.

ICF(국제코치연맹)

모든 사람은 온전하고(Holistic), 해답을 내부에 가지고 있으며(Resourceful), 창의적(Creative) 존재로 본다.

① 온전한

② 해결 자원이 풍부

③ 창의적

5. 코칭의 유래

1500년대 헝가리의 도시 콕스(Kocs)라는 지명에서 네 마리 말이 끄는 마차가 있었는데, 이 마차가 유럽 전역에 퍼지게 되었다. 이 마차는 코지(kocsi) 또는 코트드지(kotdzi)라는 명칭으로 불려졌고, 영국에 들어오면서 '코치'라고 부르게 되었다.

코치의 목적은 사람들이 가고 싶은 곳으로 데려다 주는 것이다. 1880년대에 이르러 이 단어는 케임브리지의 캠 강에서 대학생들에게 노 젓는 것을 지도하는 사람을 지칭하는데 사용되었다. 이후 코치는 운동선수를 현 상태에서 목적을 이루기 위해 나아가도록 돕는 사람으로 알려지게 되었다.

이러한 코칭의 모습은 1900년대 후반 기업 안에서 현대와 같은 독립된 비즈니스의 형태로 발전하게 되었다. 특히 조직에서 리더가 갖추어야 할 역량 향상을 위해 코칭의 필요성이 대두되었다.

현대 코칭의 창시자 **토머스 레너드**

1980년대 초에 재정 설계사였던 토머스 레너드는 고객이 상담하는 자신에게 '당신은 코치 같다'라는 말을 듣고 자신이 코치의 역할을 하고 있다는 사실을 깨닫게 되었다. 그는 고객들의 재무 상담을 도와주면서 고객의 의식과 행동의 변화에 필요한 전인적인 이해와 기술이 필요하다는 것을 깨닫고 코칭을 방법론적으로 연구하게 되었다.

1992년에 전문코치를 배출하는 'Coach U'를 시작하였고, 1994년에는 국제기구인 국제코치연맹(ICF, International Coach Federation)을 설립하였다. 여기에 만족하지 않고 2001년에 직접 'Coachville'이라는 코칭 회사를 설립하였고, 2003년에는 국제코치협회(IAC, International Association of Coaching)를 설립하여 보다 쉽고 빠르게 전문 코치를 양성하고 코치들이 비즈니스를 할 수 있는 시스템을 구축하였다. 우리나라에는 2003년에 한국코치협회(KCA, Korea Coach Association)가 발족되어 한국에서 코칭이 성장하는 토대가 되었다.

1980년대 코칭 운동의 아버지

토머스 레너드

6. 코칭의 변화원리

너희는 이 세대를 본받지 말고

오직 마음을 새롭게 함으로 변화를 받아

하나님의 선하시고 기뻐하시고 온전하신 뜻이

무엇인지 분별하도록 하라 (롬 12:2)

신경가소성('생각'에 대한 반응으로 뇌가 변하는 성질)

인간은 생각하는 존재이다. 또한 인간은 생각하는 동안 항상 무언가를 선택한다. 이러한 생각하고 선택하는 과정 중 뇌 속에는 '유전자 발현'이 일어난다. 이것은 유전자 속에 들어 있는 유전정보를 취하여 그 유전정보를 기반으로 구체적인 기능 물질, 이를테면 단백질을 만들어 내는 과정이다. 다시 말하면 생각이 단백질을 만들어낸다는 말이다.

생각하는 동안 우리의 뇌는 수시로 변화된다. 우리는 '생각'과 '선택'의 과정을 통해 뇌 속의 화학물질, 단백질, 사고회로가 변화됨으로 뇌의 구조를 재형성한다.

우리가 무언가를 생각하고 선택하는 동안 우리의 뇌 속 회로에 변화가 생긴다. 정신 활동의 결과로 뇌가 변형되는 양상을 가리켜 과학은 '신경가소성'이라 일컫는다.

_〈뇌의 스위치를 켜라, 캐롤라인 리프〉 참조

[신경가소성을 통한 뇌의 구조 재형성]

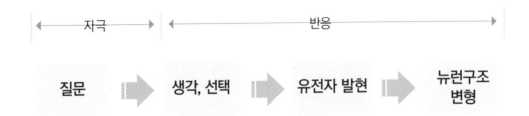

우리는 생각하는 존재이다. 우리가 무언가를 생각하고 선택하는 동안 우리의 뇌 속 뉴런 구조는 '일생 동안' 그리고 '긍정적 또는 부정적'으로 변화된다. 생각을 통해 어떤 방향으로 반응할지 '선택'할 수 있다는 것이다. 우리는 특별한 생각과 선택에 의해 스스로 '변화'될 수 있는 능력을 가지고 있다. 이것이 코칭을 통해 '변화'가 일어나는 핵심 원리이다.

7. 코칭과 유사 전문영역의 비교

코치가 코칭과 유사 전문영역의 차이점을 이해하고, 고객에게 그것을 설명하는 것은 중요하다. 고객이 그것을 인식하지 못하고 코칭 과정을 진행할 때, 다른 기대로 인해 효과성이 떨어지는 결과를 가져올 수 있다.

그래서 코칭과 유사 전문영역의 특성을 이해하고, 그 차이점을 설명하는 것은 전문 코치의 중요한 역량에 속한다. ICF(국제코치연맹)는 11가지 코칭핵심역량 중 첫 번째 '윤리 지침과 직업 기준 충족시키기'에 이를 포함시켜 규정하고 있다.

영역	특징
코칭	질문을 통해 잠재력을 극대화하여 스스로 문제를 해결할 수 있도록 하며, 미래 가능성에 초점을 맞춘다.
상담	정서적 고통을 겪는 내담자는 수직적 관계 안에서 전문 상담가에게 치료를 받는데, 과거와 현재의 상처에 초점을 맞춘다.
컨설팅	전문컨설턴트가 팀이나 조직의 문제를 찾아내고 원인을 분석하여 해답을 제시한다.
멘토링	수직적 관계 안에서 멘토가 자신의 지식, 경험, 노하우를 멘티에게 전수해 준다.
티칭	교사가 지식이 부족한 학생에게 정보와 지식 등의 가르침을 준다.

7. 코칭과 유사 전문영역의 비교

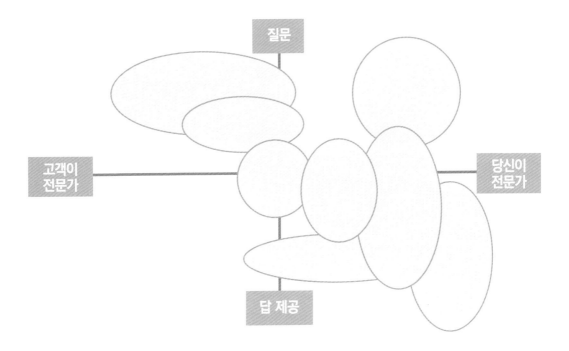

(Stephen Fairley, Getting Started in Personal & Executive Coaching)

모듈 1.
정리하기

1. 가장 좋았거나 인상적인 것

2. 새롭게 발견되거나 정리된 생각

3. 실행계획 1가지

4. Key word 상기하기 (1~2분)

학습목표

1. 경청의 모델과 단계를 이해하고 설명할 수 있다.
2. 어떤 질문이 강력한 질문인지 이해할 수 있다.
3. 질문의 유형을 이해할 수 있다.
4. 입체적 인식 질문의 모델을 이해하고 숙지할 수 있다.
5. 칭찬과 인정, 성장형 피드백의 차이점을 이해할 수 있다.

네가 어디 있느냐 _ 창세기 3:9

모듈 2. 코칭의 기술

누가 주의 이 많은 백성을 재판할 수 있사오리이까 듣는 마음을 종에게 주사 주의 백성을 재판하여
선악을 분별하게 하옵소서 _열왕기상 3:9

1. 경청

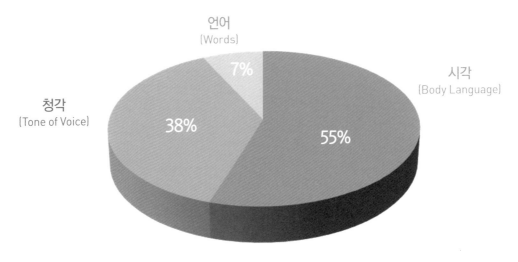

(메라비언의 법칙_알버트 메라비언, UCLA 교수)

Note

1. 경청

1) SOUL 경청 모델

SOUL 경청이란, 상대방의 영혼까지 포함한 전 존재적인 경청을 의미한다.

① **S**elfish   자기중심적 경청

② **O**pposite   상대중심적 경청

③ **U**nheard   공감적 경청

④ **L**ord's   하나님 음성 경청

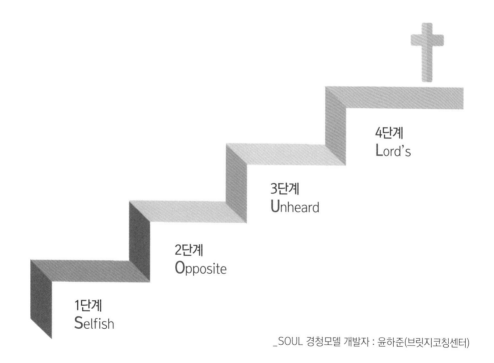

4단계
Lord's

3단계
Unheard

2단계
Opposite

1단계
Selfish

_SOUL 경청모델 개발자 : 윤하준(브릿지코칭센터)

2) SOUL 경청의 단계

① 1단계 : Selfish (자기중심적 경청)

고객의 말을 들으면서 판단, 해석, 조언이 떠오르며 자신이 듣고 싶은 것만
선별적으로 듣는 것이다.

② 2단계 : Opposite(상대중심적 경청)

고객에게 집중하고 상호 교감하면서 경청하는 것이다.

맞장구 (Echo)	• 고객의 말에 호응하거나 동조하는 것
속도맞추기 (Pacing)	• 고객의 말(목소리, 톤, 호흡 등)과 행동, 자세의 속도를 맞추는 것
눈맞춤 (Eye Contacts)	• 고객의 눈을 바라보는 것
끄덕이기 (Nodding)	• 고개를 가볍게 끄덕이기
따라하기 (Mirroring)	• 거울을 보듯 상대방의 몸짓, 손짓, 웃음 등을 따라하기
핵심단어 (Key Words)	• 중요한 핵심 단어 되풀이하기
요약 (Summary)	• 이야기의 중요한 줄거리 요약하기

③ 3단계 : Unheard(공감적 경청)

　　　귀로 들리지 않는 비언어적 요소까지 들을 수 있는 공감적 경청의 역설적 표현이다.
고객의 사실, 감정, 의도 등을 최대한 고객의 입장에서 이해하면서 경청하는 것이다.

항목	내용
사실	• 고객이 이야기하는 것에 대해 예측이나 판단을 중지하고 그 자리에서 있는 그대로의 사실만 듣는다.
감정	• 고객의 이야기를 들으면서 현재 고객의 감정상태가 어떠한지 민감하게 느끼고 잘 헤아리면서 듣는다.
의도	• 고객의 마음속의 그림, 욕구, 기대, 가치, 신념, 비전, 열망, 탁월성 등 고객이 가지고 있는 이면의 의도를 듣는다.
직관	• 판단, 추리 등의 사유가 아닌 오감을 뛰어넘는 직관력과 통찰력으로 고객의 에너지와 의식, 무의식의 수준까지 듣는다.

④ 4단계 : Lord's(하나님 음성 경청)

하나님의 음성을 들으며 경청하는 것이다.

내 양은 내 음성을 들으며 나는 그들을 알며

그들은 나를 따르느니라 (요 10:27))

1. 하나님과 친밀함이 열쇠이다.

2. 코칭이 하나님의 존재영역임을 인정한다.

3. 코치는 주님의 통로임을 인식하고 기도함으로 코칭에 임한다.

4. 코치이가 하나님의 형상을 가진 걸작품임을 믿는다.

5. 코치이를 향한 주님의 마음과 감정을 읽으려고 노력한다.

6. Between 세션에도 주님의 마음으로 중보기도한다.

Note

2. 질문

1) 강력한 질문

어떤 질문을 강력한 질문이라고 할 수 있을까요?

질문은 의식의 씨앗이다. 고객의 의식에 질문이라는 씨앗이 심겨지면 생각이 자극 되고, 호기심이 유발되며 열정이 일어나게 된다. 또한 사물에 대한 새로운 관점과 통찰력을 얻게 된다. 아울러 문제를 명확하게 인식하게 되고, 변혁적인 가능성을 찾게 되며 그에 맞는 행동을 촉진하게 된다.

 강력한 질문이란, 인식의 변화를 일으켜서

① _____ 와 _____ 가 명확해짐

② _____ 의 _____ 이 일어남

③ 새로운 _____ 이 얻어짐

④ _____ 과 _____ 이 유발됨

⑤ _____ 이 확장됨

⑥ 혁신적인 _____ 이 생김

⑦ 새로운 _____ 이 도출되고 _____ 이 생김

2) 질문의 유형

① 열린 질문 vs 닫힌 질문

열린 질문	•어떤 변화를 시도해 보시겠습니까? •어떻게 해결하면 좋을까요?
닫힌 질문	•당신은 주어진 일의 마무리를 잘 했나요? •당신의 생각이 중요하다고 느끼시나요?

② 긍정 질문 vs 부정 질문

긍정 질문	•이번 거래를 통해 당신이 배운 교훈이 있다면 무엇인가요? •어떻게 하면 연말 목표를 이룰 수 있을까요?
부정 질문	•이 일은 누구의 잘못입니까? •무슨 이유 때문에 그 상황이 잘 안 되었나요?

③ 미래 질문 vs 과거 질문

미래질문	•5년 후에 최상의 모습을 어떻게 상상해 볼 수 있을까요? •내년에 변화를 위해 무엇을 다르게 해 보시겠습니까?
과거 질문	•작년에 매출이 대폭 감소된 원인은 무엇이라고 생각합니까? •그 사람과 관계가 훼손되었을 때 느낌은 어땠습니까?

④ 중립 질문 vs 유도 질문

중립 질문	•부서원들의 의견에 대해 어떻게 생각하나요? •어떤 대화를 나누고 싶으신가요?
유도 질문	•아내에게 도움을 요청해 보셨나요? •작년에 성공했던 그 방법을 사용하면 어떨까요?

⑤ 가능성 질문 vs 취조형 질문

가능성 질문	•다음에는 어떤 변화를 생각해 보시겠습니까? •더 나은 삶을 위에 무엇을 시도해 볼 수 있을까요?
취조형 질문	•왜 그것 밖에 성과를 달성하지 못했나요? •당신은 왜 일을 그렇게 만들었나요?

Note

3) 입체적 인식 질문
- 세로축 : 고객(주체)
- 가로축 : 환경(시공간)

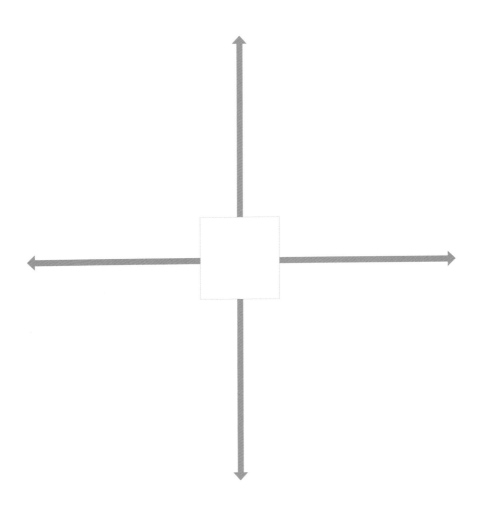

3) 입체적 인식 질문

• 세로축 – 고객 : 추상적(내적)/ 활동적(외적)

• 가로축 – 환경 : 시제적(시간)/ 상황적(공간)

_입체적 인식 질문 개발자 : 윤하준(브릿지코칭센터)

추상적 질문(내적)

고객의 내면 생각과 가치관을 인식할 수 있는 질문

의미, 가치, 중요성, 정체성, 욕구, 감정, 강점, 비전 등 다양한 내면을 탐색하는 질문

Q1. 그것은 당신에게 어떤 의미가 있습니까?

Q2. 이것이 당신에게 중요한 이유는 무엇인가요?

Q3. 목표를 이루기 위해 당신이 현재 가지고 있는 강점은 무엇입니까?

Q4. 그 일을 생각할 때 어떤 감정이 느껴지세요?

활동적 질문(외적)

고객의 행동이나 외적 반응을 인식할 수 있는 질문

실행, 선택, 행동, 습관, 패턴 등을 점검 및 촉진하는 질문

Q1. 그 행동 목표를 실천하셨다는 것을 어떻게 스스로 점검해 보시겠습니까?

Q2. 무엇이 당신으로 하여금 그 일을 선택하게 했습니까?

Q3. 일을 어렵게 만드는 반복되는 패턴은 무엇인가요?

Q4. 중단하거나 줄여야 하는 행동은 무엇이고, 더 해야 할 행동은 무엇입니까?

시제적 질문(시간)

과거, 현재, 미래 즉 시간의 축을 옮겨 자신을 인식할 수 있는 질문

강점, 탁월성, 호기심, 열망, 잠재력 등을 발견하는 질문

Q1. 그 일을 언제 해 보시겠습니까?

Q2. 과거에 당신의 능력이 발휘되어 성취했던 경험이 있다면 무엇입니까?

Q3. 신께서 당신의 성공을 완벽하게 보장한다면, 당신은 무엇을 하겠습니까?

Q4. 미래 최상의 모습을 상상해 본다면 어디서 누구와 무엇을 하고 있습니까?

상황적 질문(공간)

사람, 사물 등 자원이나 상황 등을 인식할 수 있는 질문

발견, 변화, 후원환경, 관점전환 등 다양한 상황을 점검하는 질문

Q1. 시간과 예산이 더 많이 주어진다면 무엇을 해 볼 수 있을까요?

Q2. 당신의 아이디어가 조직에 어떤 변화를 가져올까요?

Q3. 실행을 위해 최적의 시스템을 만든다면 어떤 모습일까요?

Q4. 당신의 상사나 부하는 그 결정에 어떤 생각을 가질까요?

입체적 인식 질문을 만들어 보세요.

• 고객 이슈 :

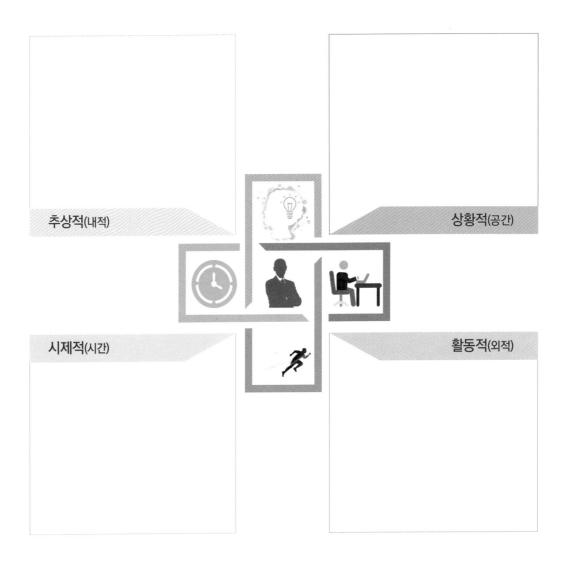

추상적(내적)

상황적(공간)

시제적(시간)

활동적(외적)

3. 피드백

또 물으시되 너희는 나를 누구라 하느냐
베드로가 대답하여 이르되
주는 그리스도시니이다 하메 (마 8:29)

1) 칭찬과 인정 – 4단계

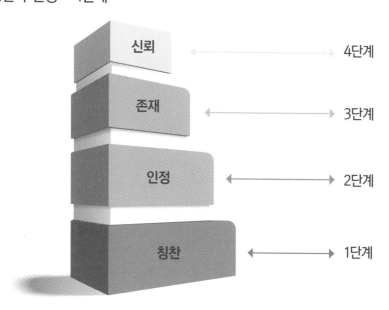

- 1단계 : 칭찬하기 – 외적으로 나타난 결과와 성취를 칭찬

- 2단계 : 인정하기 – 결과를 얻기 위한 과정과 노력을 인정

- 3단계 : 존재칭찬 – 과정 중 드러난 자질, 성품, 탁월성 등 존재를 칭찬

- 4단계 : 신뢰하기 – 변함없는 기대와 믿음, 지지를 표현

2) 성장형 피드백

성장형 피드백은 코칭 대화 가운데 상황이나 느낌에 대해서 솔직하게 의견을 나누는 것을 말한다.

성장형 피드백을 하기 위해서는 비난이나 비판, 또는 옳고 그름이 아니라 '학습과 성장의 관점'에서 용기를 가지고 접근해야 한다.

① 코칭 대화가 왠지 겉돌고 길을 잃고 있다고 느껴질 때

② 고객 내면의 감정의 변화와 역동 등에 대한 직관이 올라올 때

③ 고객의 말과 행동에 불일치가 느껴졌을 때

피드백 기술

- 제가 보기에는 ~~한 것처럼 보이는데 어떻게 생각하세요?
- 제가 듣기에는 ~~라고 들었는데 제가 잘 듣고 있나요?
- 제가 느끼기에는 ~~ 한 것처럼 느껴지는데 어떻게 생각하세요?
- 제가 알게 된 것은 ~~라고 생각되는데 어떠신지요?
- 제가 뭐 좀 말씀드려도 될까요? 고객님께서 ~~라고 느껴지는데, 어떻게 생각하세요?

모듈 2.
정리하기

1. 가장 좋았거나 인상적인 것

2. 새롭게 발견되거나 정리된 생각

3. 실행계획 1가지

4. Key word 상기하기 (1~2분)

학습목표

1. GROW 대화모델의 요소와 특징을 이해할 수 있다.
2. GRACE 대화모델의 프로세스를 이해하고 숙지할 수 있다.
3. GRACE 대화모델의 각 구성요소의 내용을 이해할 수 있다.
4. GRACE 대화모델의 질문을 실습하고 코칭에 적용할 수 있다.
5. 크리스천 코칭 질문을 숙지하고 코칭에 적용할 수 있다.

모듈 3. 코칭대화모델

주 여호와께서 학자들의 혀를 내게 주사 나로 곤고한 자를 말로 어떻게 도와 줄 줄을 알게 하시고 아침
마다 깨우치시되 나의 귀를 깨우치사 학자들 같이 알아듣게 하시도다 _이사야 50:4

1. 일반적 코칭대화모델

1) GROW 모델

가장 일반적으로 보편화된 코칭대화 모델로서 존 휘트모어가 개발하여 '성과 향상을 위한 코칭리더십'에 소개되었다. 이 모델은 4단계 프로세스로 구조화되어 있다.

첫 번째는 코치와 고객이 목표를 설정하는 단계이며, 두 번째는 고객의 현실상황을 인식하고 파악하여 목표를 향해 나갈 수 있도록 돕는 단계이다. 세 번째는 목표를 달성하기 위한 전략적 대안을 탐색하는 단계로 가급적 많은 해결방안을 모색할수록 좋다. 마지막 네 번째 단계는 실행의지를 가지고 실천계획을 세우는 단계이다.

Grow		내용
Goal	목표	장단기 주제 및 목표 설정
Reality	현실	현실상황 및 현실인식 점검
Option	대안	대안전략 및 해결방안 탐색
Will	의지	실천의지 및 실행계획 수립

2) GROW 모델 질문

Goal (목표)

- 오늘 어떤 주제로 이야기 나누면 좋으실까요?
- 오늘 당신이 기대하는 결론은 무엇입니까?
- 코칭 대화를 통해 이루고 싶은 목표는 무엇인가요?

Reality (현실)

- 당신은 현재상황을 어떻게 인식하고 있습니까?
- 이러한 상황을 바라보면서 어떤 감정을 느끼고 있습니까?
- 당신의 목표를 이루는데 걸림돌이 있다면 무엇입니까?

Option (대안)

- 당신의 목표를 이루기 위해 어떤 방법을 생각해 볼 수 있을까요?
- 당신의 상황을 변화시키기 위해 할 수 있는 일이 있다면 무엇일까요?
- 한번도 생각해 보지 못한 방법이 있다면 무엇일까요?

Will (의지)

- 당신은 무엇을 실행해 보시겠습니까?
- 그것을 언제 해 보시겠습니까?
- 그것을 이루기 위해 누구의 도움을 받아 보시겠습니까?

2. GRACE 코칭대화모델

GRACE
(은혜)

1) 구약의 의미

헤세드(히) → 인자한 하나님의 본성

헨(히) → 상급자가 하급자에게 보여준 호의

2) 신약의 의미 - 카리스(헬)

① 사람을 끄는 매력 또는 아름다움, 친절한 혹은 호의적인 태도,
어떤 친절에 대한 감사

② 선물 – 우리를 용서해 주시고 구속해 주시는 '구원의 선물'

③ 은혜는 사랑스럽지 못한 자들에 대한 하나님의 사랑
자격도 없고 능력도 없는 자에게 호의와 친절을 보이는 것이다.

④ 가장 큰 은혜는 예수 그리스도의 십자가 구속의 은혜

_하용조, 『비전성경사전』, 두란노

하나님의 은혜는 값비싼 것이다. 그리스도의 보혈을 대가로 치르고 얻어진 것이며,

또한 우리의 목숨까지도 대가로 요구할 것이기 때문이다.

_디트리히 본회퍼

성경 구절

민수기 6:24, 25

여호와는 네게 복을 주시고 너를 지키시기를 원하며 여호와는 그의 얼굴을 네게 비추사 은혜 베푸시기를 원하며

시편 145:8

여호와는 은혜로우시며 긍휼이 많으시며 노하기를 더디 하시며 인자하심이 크시도다

로마서 3:23, 24

모든 사람이 죄를 범하였으매 하나님의 영광에 이르지 못하더니 그리스도 예수 안에 있는 속량으로 말미암아 하나님의 은혜로 값 없이 의롭다 하심을 얻은 자 되었느니라

에베소서 2:8

너희는 그 은혜에 의하여 믿음으로 말미암아 구원을 받았으니 이것은 너희에게서 난 것이 아니요 하나님의 선물이라

에베소서 1:7

우리는 그리스도 안에서 그의 은혜의 풍성함을 따라 그의 피로 말미암아 속량 곧 죄 사함을 받았느니라

요한복음 1: 14

말씀이 육신이 되어 우리 가운데 거하시매 우리가 그의 영광을 보니 아버지의 독생자의 영광이요 은혜와 진리가 충만하더라

GRACE 대화모델

God's Vision
Goal
목표

Collaboration
협력

Collaboration

Existence
존재

Recognition

Goal

Action

Recognition
인식

Action
실행

2. GRACE 코칭대화모델

1) 대화프로세스 : 존재 중심의 코칭

프로세스	E → G → R → A → C → E └──── E ────┘	
G 목표	God's Vision Goal	하나님의 비전 주제 및 목표
R 인식	Recognition	현실 인식, 미래 인식, 자각 인식 장애 인식
A 실행	Action	대안 및 실행 계획
C 협력	Collaboration	협력 및 후원 환경
E 존재	Existence	하나님의 존재 영역, 존재로 대하기 라포 형성, 경청, 인정, 칭찬, 공감 Between 세션, 중보기도

2. GRACE 대화모델 특징

1
철학
GRACE 대화모델의 가장 큰 특징은 존재 중심의 코칭이다. 키에르케고르, 야스퍼스, 마틴부버 등 유신론적 실존주의 철학에 입각하여 인간존재의 가치를 중시하며 인간의 회복과 관계에 초점이 맞춰져 있다.

2
간결성
GRACE 대화모델은 각 요소를 구성하는 단어의 수가 간결하고 명료하게 구성되어 있어서 코치가 오래 기억할 수 있고, 사용하기가 용이하다.

3
통일성
GRACE 대화모델은 내용적 흐름이 조화롭고 통일성을 갖춰 프로세스 전개가 모순되지 않고 안정적이다.

4
이미지
GRACE 대화모델은 각 요소의 상징과 프로세스의 배열을 이미지화해서 요소 간의 상호연계성을 잘 나타내고 있다. 아울러 대화모델을 오래 기억할 수 있도록 돕고 있다.

2) GRACE 대화모델 특징

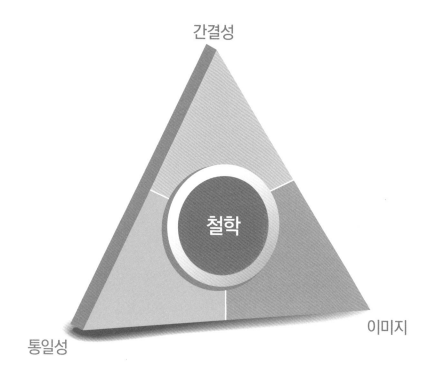

3) GRACE 대화모델 요소
① God's Vision / Goal(목표)

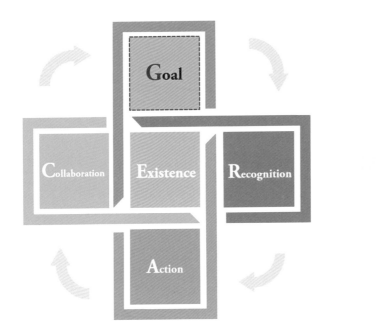

Goal 목표

목표(Goal)는 코칭세션 안에서 고객이 이루길 원하는 목표를 의미한다.

a. 목표는 고객 스스로에게 어떤 의미가 있는 것인지 알아차리게 한다.

b. 고객이 가기 원하는 곳으로 방향을 잡아준다.

c. 에너지를 집중하도록 도우며, 주의가 산만해지는 것을 막는다.

d. 고객이 통제할 수 있는 영역에서 목표를 정하도록 돕는다.

e. 고객이 표면적 이슈가 아닌, 고객이 원하는 모습을 명확하게 그려보게 한다.

f. 구체적이고 측정 가능하며, 달성 가능한 목표를 세울 수 있도록 돕는다.

g. 코치의 관심사가 아닌 고객의 관심사를 따라갈 수 있도록 주의해야 한다.

① Goal(목표) 질문

• 오늘 저와 어떤 주제를 가지고 대화를 나누고 싶으세요?

• 요즘 당신의 이슈는 무엇입니까?

• 어떤 문제를 해결하면 가장 도움이 되겠습니까?

• 가장 먼저 해결하고 싶은 것은 무엇입니까?

• 오늘 코칭 대화 가운데 어디에 초점을 맞추면 좋을까요?

• 당신이 이루고자 하는 목표는 무엇입니까?

• 하나님은 그 목표를 어떻게 생각하실까요?

• 그 목표가 이루어지면 당신에게 어떤 의미가 있나요?

• 그렇게 되었을 때 당신과 하나님의 관계는 어떻게 될까요?

• 오늘 코칭 대화 동안 어떤 결론을 얻으시면 만족 하실까요?

• 언제까지 어떤 상태가 되면 만족하시겠습니까?

• 이 목표를 통해 가장 궁극적으로 원하는 것은 무엇입니까?

• 말씀하신 목표를 한 문장으로 표현해 보시겠어요?

• 목표가 달성된다면 어떤 영향이 있을까요?

Note

SMART 목표

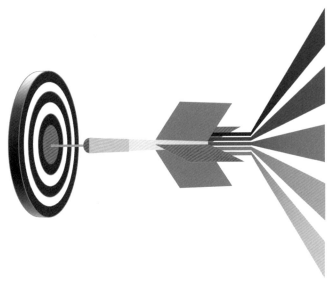

Specific
구체적으로 무엇을 달성할 것인가?

Measurable
측정이 가능한 목표인가?

Achievable
달성 가능한 목표인가?

Relevant
관련된 목표인가?

Time-bound
기한이 정해진 목표인가?

② Recognition(인식)

Recognition 인식

인식(Recognition)은 현실인식, 미래인식, 자각인식, 장애인식 등을 포함한다.

a. 고객이 당면한 문제를 다양한 관점에서 바라보도록 돕는다.

b. 목표와 현재 상태의 갭(Gap)을 파악하고, 현실의 장애요인을 인식하게 한다.

c. 현 상태가 지속되었을 경우의 상황을 미리 예측해 보도록 한다.

d. 미래모습을 그려보고 펼쳐질 상황을 인식하게 한다.

e. 미래의 영향과 파급 효과를 상상해 보게 한다.

f. 고객이 현재 어떤 자원을 가지고 있는지 인식하게 한다.

g. 자각된 인식을 나누게 한다.

② Recognition(인식) 질문

- 지금 어떤 상황인지 구체적으로 말씀해 주시겠습니까?

- 그것은 고객님에게 어떤 의미가 있습니까?

- 그것이 당신에게 어떤 점에서 중요한가요?

- 그것에 대해 좀 더 자세히 말씀해 주시겠습니까?

- 미래의 최상의 모습을 상상해본다면 어디서 누구와 무엇을 하고 있습니까?

- 미래에 주변 사람들에게 어떤 영향을 미칠 수 있을까요?

- 최상의 상태를 10점 만점이라고 한다면 현재는 몇 점이라 할 수 있을까요?

- 이 상태가 계속된다면 어떤 상황이 벌어질까요?

- 새로운 관점에서 본다면 어떤 것이 가능해질까요?

- 목표를 이루기 위해 당신이 현재 가지고 있는 자원(강점, 탁월성)은 무엇입니까?

- 지금 기분이 어떠세요?

- 새롭게 발견된 것이나 정리된 생각이 있다면 무엇입니까?

Note

③ Action(실행)

Action 실행

실행(Action)은 고객이 실행할 수 있는 대안과 실행계획을 의미한다.

a. 고객이 최대한 많은 아이디어를 생각해 낼 수 있도록 촉진한다.

b. 도출된 대안 중에서 장단점을 확인하고, 목표를 달성하기 위해 실행할 것을
   선택한다.

c. 실행할 행동이 코칭 받는 목표 및 장기적인 목표에 일치하는지 점검한다.

d. 시한이 명시된 구체적인 실행계획(Action plan)을 세운다.

e. 고객의 실행의지를 다지고 실행력을 점검한다.

③ Action(실행) 질문

• 목표를 이룰 수 있는 구체적인 방법으로 무엇을 시도해 볼 수 있을까요?

• 돈과 시간에 제한이 없다면 무엇을 해 볼 수 있을까요?

• 지금까지 한번도 시도해 보지 않았지만 새롭게 시도할 수 있는 것은 무엇입니까?

• 그밖에 또 어떤 것을 시도해 볼 수 있을까요?

• 존경하는 사람이 조언을 해 준다면 어떤 말을 해 줄 수 있을까요?

• 80세의 지혜로운 자신이 지금의 자신에게 조언을 해준다면 어떤 말을 해 줄 수 있을까요?

• 어떤 방법을 먼저 시도해 보시겠습니까?

• 그 중에 최적의 방안은 무엇이라고 생각합니까?

• 그것을 언제까지 해 보시겠습니까?

Note

④ Collaboration(협력)

Collaboration 협력

협력(Collaboration)은 코치와 고객의 관계뿐만 아니라 고객을 둘러싼 인적, 물적인 후원환경까지 상호협력한다는 것을 의미한다.

a. 고객의 분석과 평가에 대한 피드백을 제공한다.

b. 고객의 발전을 견인하고 유지할 수 있도록 돕는다.

c. 코치와 고객 사이에 약속이행을 중요시한다.

d. 고객의 물리적/생태적 환경, 점검 시스템, 실행 촉진을 점검하고 확인한다.

④ Collaboration(협력) 질문

- 누구의 도움을 받으면 더 잘 할 수 있을까요?

- 제가 응원하고 싶은데 고객님이 실천하셨다는 것을 제가 어떻게 알 수 있을까요?

- 그 행동 목표를 실천하셨다는 것을 어떻게 스스로 점검해 보시겠습니까?

- 어떤 환경이 되면 그 실행계획을 더 잘 실천할 수 있을까요?

- 그 실행계획을 알릴만한 사람이 있다면 누구인가요?

- 그 외에 고려할 사항은 무엇일까요?

- 누가 어떻게 점검해주면 더 잘 할 수 있을까요?

- 누구의 피드백을 받으면 더 잘 할 수 있을까요?

- 실행을 위해 최적의 시스템을 만든다면 어떤 모습일까요?

- 이것을 성공하고 나면 스스로에게 어떤 보상을 하시겠습니까?

- 중단하거나 줄여야 하는 행동은 무엇이고, 더 해야 할 행동은 무엇입니까?

- 이것을 실행하기 위해 어떤/누구에게 정보를 구하면 좋을까요?

Note

⑤ Existence(존재)

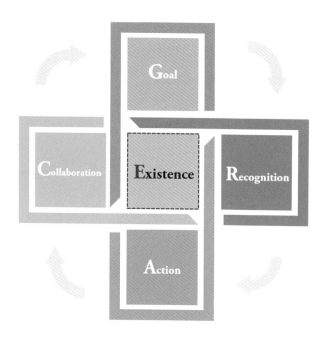

Existence 존재

> **GRACE 대화모델의 가장 큰 특징은 존재 중심의 코칭이다. 코칭은 하나님의 존재 영역이며 존재(Existence)란, 코치가 고객에 대해 '존재로 대하기'를 의미한다.**

a. 존재(Existence)는 실존을 의미하며, 코치는 고객이 '자기의 존재를 의식하면서 그 존재의 방식을 스스로 선택하는 실존'임을 인정하고 존중한다.

b. 코치는 고객이 온전하고, 하나님 안에서 해결자원이 풍부한 창의적인 존재라고 믿을 수 있도록 돕는다.

c. 존재는 코칭관계 전체에 있어서 코치가 고객과 함께 하는 방식이자 태도이며 마음가짐이다.

d. 라포 형성, 경청, 인정, 칭찬, 공감, 목표 및 종결 합의, 존재로 함께 하기 등을 포함한다.

e. 세션과 세션 사이(Between)를 중요시하며, 실행목표를 이룰 수 있도록 격려하고 응원한다.

⑤ Existence(존재) 질문

- 누지난 한 주 동안 가장 행복했던 경험은 무엇입니까?

- 며칠 사이에 성취했던 일이나 마음을 기쁘게 했던 일이 있다면 나눠 주시겠어요?

- 축하합니다. / 그러셨군요./ 답답하겠어요./ 자랑스럽겠어요. / 와~ 대단하세요.

- 그럼 이 목표로 코칭 대화를 이어가면 될까요?

- 자신을 동물이나 식물로 표현한다면, 무엇으로 비유할 수 있을까요?

- 그럼에도 불구하고 고객님이 그 상황을 잘 극복했던 비결은 무엇이었나요?

- 어떤 강점이 발휘되어서 그렇게 잘 할 수 있었을까요?

- 그런 성취는 고객님의 어떤 탁월함이 발휘되었다고 생각하시나요?

- 제가 보기에는 고객님은 ~한 점이 탁월하십니다.

- 제가 볼 때, ~한 분야에서는 우리 고객님이 선구자라는 생각이 듭니다.

- 제가 느끼기에는 고객님이 ~한 열정이 대단하시네요. 어떻게 생각하세요?

- 오늘 대화를 통해서 고객님의 ~한 점을 배울 수 있어서 감사했습니다.

- 제가 응원하고 싶은데 주중에 고객님의 실천사항을 어떻게 알 수 있을까요?

- 이상으로 코칭 대화를 마쳐도 될까요?

Note

3. 코칭프로세스 실습

항목	질문 만들기
E 라포	
G 목표	
R 인식	
A 실행	
C 협력	
E 존재	

4. 크리스천 코칭 질문들

- 하나님은 당신을 어떻게 바라보고 계실까요?

- 당신의 생애 가운데 가장 감사하게 생각하는 것은 무엇입니까?

- 최근에 누군가에게 사랑의 마음을 전하고 싶었던 적은 언제였나요?

- 당신이 지금 하나님 외에 의지하고 있는 것이 있다면 무엇입니까?

- 당신 인생의 터닝포인트는 무엇입니까?

- 최근에 하나님이 당신에게 새롭게 깨달음을 주신 것은 무엇인가요?

- 하나님이 당신을 어떻게 변화시키기 원하십니까?

- 하나님이 함께 하신다는 것을 언제 느끼십니까?

- 당신은 힘든 순간을 하나님의 도움으로 어떻게 이겨냈는지 말해 주세요.

- 당신의 성격 중에서 하나님께서 변화시키고 계신 부분은 무엇입니까?

- 당신은 하나님을 온전히 신뢰한 적이 있습니까?

- 교회에서 직분을 맡거나 회사에서 일을 맡을 때 어떻게 반응합니까?

- 내 힘으로 도저히 감당하지 못할 일이 있습니까? 하나님께 그 문제를 놓고 기도하고 있습니까?

- 당신에게 성경을 믿는다는 것은 어떤 가치이며, 의미입니까?

- 말씀 묵상을 통해 깨달은 것이 있다면 나누어 주세요.

- 당신이 죽은 후 어떤 사람으로 기억되기를 원합니까?

- 당신이 천국에 가기 전까지 이 세상에 기여하고 싶은 것은 무엇입니까?

- 현재의 삶에서 천국을 경험하기 위한 방법은 무엇입니까?

• 당신이 다른 사람을 도울 수 있는 자원이나 기술은 무엇입니까?

• 당신은 평소에 어떤 방식으로 다른 사람을 섬기고 있습니까?

• 다른 사람을 위해 한 일을 되돌아 볼 때 가장 의미 있는 일은 무엇입니까?

• 하나님과 동행하는 삶을 살 때와 그렇지 못할 때 세상에 대처하는 당신의 태도는 어떻게 다른 가요?

• 어떻게 하면 당신의 "하나님의 경이로움"이 삶 속에서 더 드러나고 실행될 수 있을까요?

• 당신의 "하나님의 자녀됨"을 전적으로 받아들인다면 어떤 변화가 있을까요?

• 당신이 지금 직면하고 있는 문제에 대하여 "다스리는 권세"를 행사한다면 어떻게 될까요?

• 하나님이 당신을 향해 가지고 계신 계획은 무엇일까요?

• 당신의 "모든 것을 쏟아 부어 구하기 위해" 당신이 할 수 있는 노력에는 어떠한 것들이 있습니까?

• 소망과 풍성함과 능력을 누리며 살기 위해 할 수 있는 것은 무엇입니까?

• 당신은 어떤 상황에서 하나님의 임재를 느끼십니까?

• 다른 사람의 기도 덕분에 문제를 해결한 경험이 있다면 무엇입니까?

• 성령님의 능력을 조금만 더 누릴 수 있다면 당신의 목회는 어떠할 것 같습니까?

• 당신이 천국의 잠재된 능력을 100% 사용하게 된다면 어떤 일이 일어날까요?

• 주님이 당신에게 허락하신 것을 최대한 활용하기 위해 당신이 할 수 있는 한 가지는 무엇입니까?

• 지금 당신에게 "하나님의 때를 기다린다는 것"의 의미는 무엇입니까?

- 당신에게 끊어 내야 할 습관이나 패턴이 있다면 무엇일까요?

- 당신을 향한 하나님의 새로운 시각을 적용하기 위해 당신이 해야 할 것은 무엇입니까?

- 당신이 하나님의 나라를 보는데 가까워지도록 바꿀 수 있는 한 가지는 무엇일까요?

- 전적으로 당신 자신을 신뢰한다면, 당신은 무엇을 다르게 보게 될까요?

- 성령님의 역사하심이 당신을 어떤 새롭고, 유익한 일들을 하도록 이끄실 것 같은가요?

- 당신의 현재 위치는 어디에 있습니까?

- 하나님께서는 당신이 어디에 있기를 원하실까요?

- 하나님이 원하는 곳으로 가기 위한 발걸음을 어떻게 계획할 것입니까?

- 하나님이 우리를 성숙으로 이끄시는 방법은 무엇입니까?

- 인내를 통해 당신에게 변화된 부분이 있다면 무엇입니까?

- 하나님은 영적 성숙을 위해 주변 사람을 어떻게 사용하십니까?

- 당신의 삶에 변화를 가져다 준 성경말씀은 무엇입니까?

- 하나님과 함께 하는 삶에는 어떤 기쁨이 있을까요?

- 당신을 인정해 준 말 중, 마음에 남아 있는 말은 무엇입니까?

- 누군가에게 용서받은 경험이 있었나요? 그때 기분은 어땠나요?

- 하나님은 당신에게 어떤 분이신가요?

- 예수님을 처음 영접하였을 때 어떤 결단을 하였습니까?

- 예수님의 십자가를 생각할 때 어떤 느낌을 받습니까?

- 당신은 예수님으로부터 어떻게 용서받았습니까?

- 지난 한 달 동안 당신은 어떤 방법으로 그리스도 안에서의 성장을 추구 했습니까?

• 하나님이 주시는 회복은 무엇이라고 생각하십니까?

• 하나님의 사랑을 생각하면 어떤 기분이 듭니까?

• 하나님의 자녀로서 살아야 하는 이상적인 모습은 무엇입니까?

• 하나님의 사랑과 은혜를 당신의 말로 어떻게 표현할 수 있나요?

• 하나님의 사랑을 다른 사람들에게 어떻게 전할 수 있나요?

• 어떤 사람을 통해서 하나님의 손길을 느낀 적인 있습니까? 그 경험을 나눠 주시겠어요?

• 한 주간의 삶을 되돌아봤을 때 하나님의 돌보심이 느껴지는 부분은 어떤 것입니까?

• 당신은 어떤 사람들과 함께 있을 때 편하게 이야기합니까?

• 당신은 소그룹에 대해 어떤 기대감이 있습니까?

• 당신이 리더라면 이 소그룹을 어떻게 인도하고 싶습니까?

• 우리가 하나의 공동체로서 서로에게 무엇을 해 줄 수 있나요?

• 이 모임을 더 풍성하게 만들기 위해 필요한 것은 무엇입니까?

• 당신은 하나님의 축복의 통로로서 어떤 일을 하고 싶습니까?

• 당신이 최근에 받은 기도 응답은 무엇입니까?

모듈 3.
정리하기

1. 가장 좋았거나 인상적인 것

2. 새롭게 발견되거나 정리된 생각

3. 실행계획 1가지

4. Key word 상기하기 (1~2분)

학습목표

1. DISC를 통한 인간의 행동유형을 이해할 수 있다.
2. DISC 진단지 사용법을 알고 진단을 가능하게 할 수 있다.
3. DISC 행동유형별 강점과 약점을 이해할 수 있다.
4. DISC 유형에 따른 스타일별 대응전략을 습득할 수 있다.
5. DISC 행동유형별 대표적인 성경인물의 특징을 알 수 있다.
6. 예수님의 특징을 DISC 유형에 맞춰 이해할 수 있다.

모듈 4. 인간의 행동유형

내가 주께 감사하옴은 나를 지으심이 신묘막측하심이라 주의 행사가 기이함을 내 영혼이 잘 아나이다
_시편 139:14

1. DISC 행동유형의 특징

1) DISC 4분면

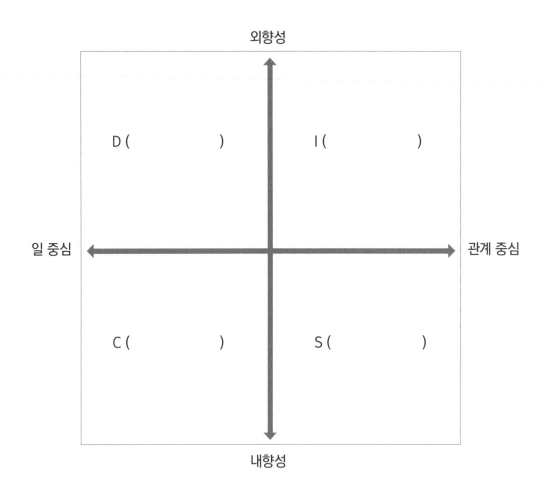

2. DISC 진단

1) 진단지 작성 (나를 가장 잘 묘사한 순서대로 4점/3점/2점/1점을 기입)

질문	설명	점수	설명	점수	설명	점수	설명	점수
내 성격은	명령적이다 주도적이다		사교적이며 감정표현을 잘한다		태평스럽고 느리다		진지하고 세심하며 상식적이다	
나는 …에 둘러싸인 환경을 좋아한다	개인적 성취와 보상 및 목표 지향적		사람을 좋아하는		그림, 편지와 내 물건들		질서와 기능조직	
내 성격 스타일은 …하는 경향이 있다	결과를 중시		사람을 중시		과정과 팀을 중시		세부사항을 중시	
다른 이에 대한 내 태도는 …	시원시원하다		친절하고 씩씩하다		착실하고 자제력 있다		차갑고 객관적이다	
다른 사람의 말을 들을 때 …	종종 참을성이 없다		주위가 산만하다		기꺼이 주위를 기울여 듣는다		사실에 초점을 맞추고 분석한다	
다른 사람과 …에 대한 이야기하는 것을 좋아한다	내 업적		나 자신과 다른 사람들		가족과 친구		사건과 정보 조직	
나는 타인에게… 경향이 있다	사람들에게 지시하는		사람들에게 영향을 미치는		잘 용납하는		가치와 질로 평가하는	
축구팀에 들어가면 내 포지션은 …	최전방 공격수		공격형 수비수		수비형 공격수		최종 수비수	

질문	설명	점수	설명	점수	설명	점수	설명	점수
나에게 시간은 …	항상 바빠하는		교제에 많은 시간을 사용하는		시간 중시, 하지만 부담이 없는		시간의 중요성을 알고 활용을 잘하는	
내가 교통 표지판을 만든다면 …	난폭운전! 죽음을 부릅니다		웃는 엄마 밝은 아빠 알고 보니 양보 운전		조금씩 양보하면 좁은 길도 넓어진다		너와 내가 지킨 질서 나라 안녕 국가번영	
평소 내 목소리는 …	감정적, 지시적 힘있고 짧고 높은 톤		감정적, 열정적 가늘고 높은톤		감정이 적게 개입되고 굵고 낮은 톤		냉정, 감정을 억제하고 가늘고 낮은톤	
내 제스처는 대부분	강하고 민첩하다		개방적이고 친절하다		경직되고 느리다		계산되고 신중하다	
나는 … 스타일의 옷을 좋아한다	정장		멋을 내는 캐주얼		실용적이고 편리함을 추구한다		검소하고 소탈하며 깔끔한	
나의 전체적인 태도는 …으로 묘사된다	권위적		매력적인 사교적, 외향적		수용적 또는 개방적		평가적이거나 말이 없는	
내 삶의 페이스는 …	빠르다		열광적이다		안정되어 있다		조절되어 있다	
총점	(가)		(나)		(다)		(라)	

2) 40개 행동유형 프로파일

D 감독자형	I 분위기 메이커형	S 팀플레이어형	C 논리적사고형
D/I 결과지향형	I/D 설득가형	S/D 전문적 성취자형	C/D 설계자형
D/I/S 관계중심적 지도자형	I/D/S 정치가형	S/D/I 디자이너형	C/D/I 프로듀서형
D/I/C 대법관형	I/D/C 지도자형	S/D/C 수사관형	C/D/S 심사숙고형
D/S 성취자형	I/S 격려자형	S/I 조언자형	C/I 평론가형
D/S/I 업무중심적 지도자형	I/S/D 헌신자형	S/I/D 평화적리더형	C/I/D 작가형
D/S/C 전문가형	I/S/C 코치형	S/I/C 상담자형	C/I/S 중재자형
D/C 개척자형	I/C 대인협상가형	S/C 관리자형	C/S 원칙중심형
D/C/I 대중강사형	I/C/D 업무협상가형	S/C/D 전략가형	C/S/D 국난극복형
D/C/S 마에스터형	I/C/S 조정자형	S/C/I 평화중재자형	C/S/I 교수형

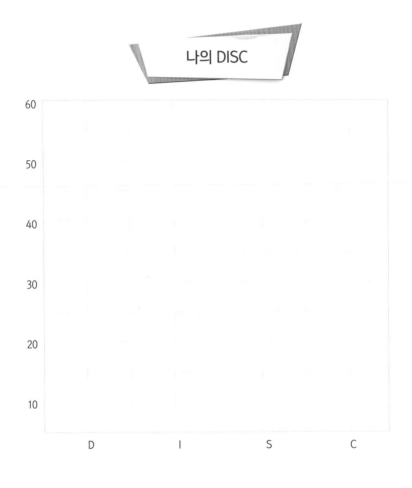

나의 DISC

나의 DISC는 (   ) 유형이고,
나의 행동유형 프로파일은 (   )이다.

1. '가'는 D를, '나'는 I를, '다'는 S를, '라'는 C를 측정한 것이다. 각 칸의 숫자를 그래프에 표시한다.
   예를 들어 '가' 점수가 39점이라면 그래프 'D'열 39점에 점을 찍으면 된다.

2. 36점 이상에 있는 점 주위에 동그라미를 그린다. 이것이 당신의 주된 성격 유형이다.

_ 홍광수 DISC연구소 제공

3. DISC 행동유형의 경향성

유형	D 주도형
강점	• 빨리 결과물을 만든다. • 추진력이 있다. • 집념이 강하다. • 리더십이 있다. • 당당하다. • 도전정신이 강하다. • 열정적으로 일한다. • 과업과 문제를 즐긴다. • 모든 것을 책임지려고 한다.
약점	• 성급하다. • 사람에 대해 무심하다. • 리스크에 부주의하다. • 고지식하다. • 지나치게 일중독이다. • 치밀하지 않다. • 통제받는 것을 싫어한다. • 요구사항이 많다. • 모든 일을 밀어붙인다.

유형	ㅣ사교형
강점	• 긍정적이다. • 표현이 풍부하다. • 분위기 메이커 • 호감을 준다. • 친근감이 있다. • 언변이 좋다. • 사교적이다. • 에너지가 넘친다. • 흥미를 추구한다.
약점	• 흐지부지하다. • 너무 수다스럽다. • 즉흥적이다. • 성급하게 결론을 내린다. • 허세스럽다. • 감언이설을 잘 한다. • 근거 없는 자신감이 있다. • 모든 일에 너무 낙관적이다. • 지킬 수 없는 약속을 많이 한다.

유형	S 안정형
강점	• 조화를 잘 이룬다. • 쉽게 수용한다. • 우직하다. • 헌신적이다. • 한결같다. • 일의 큰 기복이 없다. • 관계를 중요시 한다. • 포용력이 있다. • 조직에 충성심이 강하다.
약점	• 빠른 변화를 싫어한다. • 좋은 게 좋은 거다. • 일을 질질 끈다. • 매우 우유부단하다. • 갈등상황을 직면하지 않는다. • 속을 알 수 없다. • 자발적이지 않다. • 약속된 기한을 넘기기 쉽다. • 큰 도전을 싫어한다.

유형	C 신중형
강점	• 깔끔하게 정돈한다. • 능력 있다. • 자기 관리를 잘한다. • 명료하고 확실하다. • 모든 일에 철두철미하다. • 정보수집 능력이 뛰어나다. • 데이터 분석을 잘한다. • 완벽을 추구한다. • 기술 수준이 탁월하다.
약점	• 지나치게 신중하다. • 나무만 보고 숲을 못 본다. • 직설적으로 말한다. • 칭찬이 어렵고 비판적이다. • 수동적이다. • 의심하고 또 의심한다. • 남의 비판을 못 견뎌한다. • 최악의 결과를 먼저 생각한다. • 낮은 기술 수준에 냉소적이다.

4. DISC 스타일별 대응전략

구분	D형	I형	S형	C형
필요한 환경	권한, 선택의 폭 도전적인 일 진보의 기회	표현할 기회 신나고 사교적인 위신	안정되고 일관된 일체감과 연대감 전문영역, 일정한 업무패턴	정확성과 계획있는 충분한 시간과 자원 충분한 정보와 정보에 대한 접근성
리더의 조건	목표와 보상을 명확히 제시 적절한 권한과 자유를 보장 어느 정도 압력주기 직접적인 대화 의리, 카리스마	사교적인 환경과 신나는 분위기 제공 친구가 되어줌 칭찬 X 3 + 감동 창의성, 개방성	느긋하게 대함 작고 지속적인 배려와 친밀함 구체적인 업무지시 수단과 절차를 명확히, 성실성, 배려	지속적인 지지와 후원 불안하지 않게 언제든 물을 수 있는 분위기 제공 투명성과 도덕성
커뮤니케이션 대응전략	결론을 먼저 말한다 간략하고 명확하게 말한다 일방적 지시보다는 선택의 여지와 도전거리를 제공 중요한 일부터 먼저 이야기	상대의 다양한 취미를 경청 생각을 표현할 기회를 준다 새로움과 이벤트 상상력을 자극 자연스럽게 일과 연결	친근하고 비위협적인 태도로 천천히 부드럽게 말함 가족에 관심 이익, 심리 언급 짧더라도 잦은 접촉 음식제공	감정적인 표현을 피하고 사실에 근거하여 말함 정보와 자료제공 숫자 활용 집요한 질문을 환영 Over는 금물 구체적인 합의
칭찬과 격려	업적, 성취, 안목 일(책임)을 맡으세요	외모, 감각, 표현 멋지네요	배려, 성실함 믿음직합니다	탁월함, 정확함, 원칙 신뢰할 수 있습니다

(홍광수 DISC연구소 제공)

5. DISC 대표적 성경인물

유형 및 인물	내용
D 바울	• 자신에게 도전하는 목표지향적인 삶 (빌 3:13-14) • 직선적이고 지시적인 성격 (살후 3:10,14) • 논리적이고 설득력 있는 토론가 (행 17:16-17, 33-34) • 결단력 있는 행동가 (행 16:9-10)
I 베드로	• 다른 사람들에게 영향을 끼치고 싶은 열망 (눅 5:8-11) • 불가능한 것을 믿고 기꺼이 위험을 감수함. (마 14:28-29) • 모든 것이 잘 될 것이라는 자신의 긍정적인 사고방식으로 감당할 수 없는 약속도 함. (막 14:27-31) • 감성적이고, 행동이 충동적임. (요 21:4-7)
S 아브라함	• 하나님께 순종하여 자신에게 안전을 보장해 주는 고향을 떠남. (창 12:1-4) • 갈등 상황에서 갈등을 회피하려고 애씀. (창 13:8-9) • 충성스럽고 가족과 친구들을 잘 지원함. (창 14:16) • 다른 사람들의 필요에 매우 민감함. (창 18:22-23)
C 모세	• 매우 박식하고 유능함. (행 7:22) • 도전이 주어질 때 매우 조심스러웠고 세심함. (출 3:10-11) • 하나님의 율법을 완벽하게 가르쳤고 철저하게 복종함. (신 4:1-2) • 매우 성실한 사람이나 자신의 책임을 다른 사람들과 나누어지는 것을 힘들어 함. (출 18:13-18)

6. 예수님의 DISC

예수님은 완전한 성품의 모범이 되신 분이다. 성경을 보면 예수님은 DICS 네 가지 유형을 모두 보이신다. 여기서 놀라운 사실은, 예수님은 인간이지만 죄가 없기에 DISC 네 가지 유형이 가지고 있는 부정적인 요소들이 없다. 우리가 거룩함과 성화의 단계에 이르는 길이 곧 그리스도의 장성한 분량에 이르는 길이다.

유형	내용
D 주도형	• 직관이 강한 예수님 (마 9:3-5, 마 16:6, 막 1:15, 요 13:1) • 예수님의 거룩한 분노 (요 2:15) • 예수님의 꾸짖음 (막 4:39, 막 8:33) • 거룩한 독설 (마 12:34) • 일 중심 구조 – 목숨을 걸고 십자가 구원사역을 감당하심.
I 사교형	• 인간관계를 잘 하시는 예수님 (눅 5:3, 마 11:19, 요 9:3) • 스킨십이 강한 예수님 (마 8:2-3, 막 10:13-16) • 허물을 덮어주시는 예수님 (마 12:5) • 남에게 기쁨을 주는 예수님 (마 9:15) • 예수님의 화려한 명언들 (마 6:3, 마 7:3, 마 7:12, 마 22:21)
S 안정형	• 예수님의 인내 (요 6:41-42, 마13:54-56) • 평안을 주시는 예수님 (마 11:29, 막 5:34, 막 6:25-34) • 드러나기를 원하지 않는 예수님 (요 6:15, 막 1:34, 막 9:30) • 섬김의 종 (막 10:45, 요 13:14)
C 신중형	• 자비하신 예수님 (마 14:14, 마 15:32, 마 9:36) • 원칙주의자 예수님 (마 4:4-10, 막 1:35) • 논리적 완벽주의자 예수님 (마 5:45-46, 마 21:24-27) • 공평하신 예수님 (마 20:1-15, 마 25:15-23)

7. DISC와 성경인물

D 감독자형	I 촉진자형	S 지속형	C 완벽주의형
솔로몬	아론	이삭	누가
라합	사울 왕	도르가	에스더
십보라			

D/I 결과지향형	I/D 설득형	S/D 탐구자형	C/S/D 분석가형
여호수아	베드로	느헤미야	모세
사라	리브가	마르다	도마
			나오미

D=I 동기부여형	I/S 격려형	S/I 조언자형	C/I/S 협력가형
스데반	바나바	아브라함	엘리야
루디아	아비가일	한나	드보라
아볼로			룻

D/C 개척자형	I/C 협상가형	S/C/D 전략가형	C/S 순응형
바울	다윗	야곱	요한
라헬	막달라 마리아	안나	마리아
미갈			

(Ken Voges is the origiator in assocciating DISC behavior styles with Biblical characters)

모듈 4.
정리하기

1. 가장 좋았거나 인상적인 것

2. 새롭게 발견되거나 정리된 생각

3. 실행계획 1가지

4. Key word 상기하기 (1~2분)

1. 발란스 휠, 강점찾기 방법을 익히고 적용할 수 있다.
2. 코칭의 도구 즉 동의서, 양식, 피드백지 등을 이해할 수 있다.
3. 교육 평가서를 기입하고 효과성을 수치로 측정할 수 있다.
4. 코칭 보고서의 작성을 이해할 수 있다.
5. 코치윤리규정을 이해하고 숙지할 수 있다.

모듈 5. 코칭 적용 및 실습

두세 사람이 내 이름으로 모인 곳에는 나도 그들 중에 있느니라 _마태복음 1:20

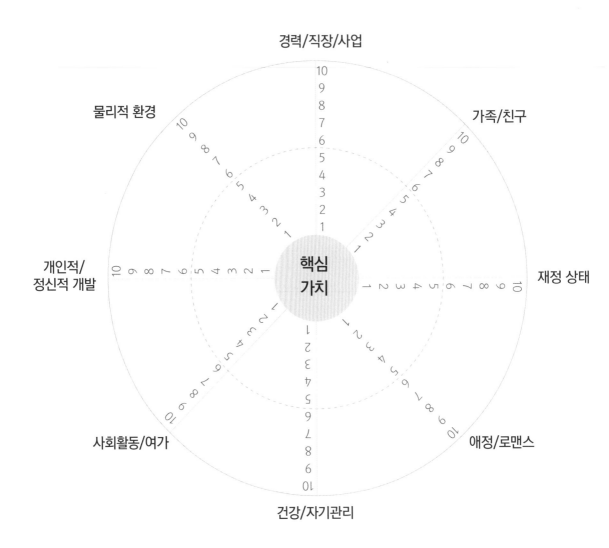

강점 찾기

사랑 기쁨 긍정 신념
지혜 공감 친절 감사
믿음 희망 착함 탁월함

성실 끈기 검소 결단력
용서 절제 인내 사교성
유연 의리 민감 판단력

순종 경청 영성 긍휼
존중 포용 성취 열정
배려 온유 겸손 정직

공정성 의지력 창의성
실천력 균형감 규칙성
자기관리 발상 통찰력

협력 용기 유머 전문성
책임 신뢰 배움 호기심
소통 지식 충성 리더십

강점					
1			6		
2			7		
3			8		
4			9		
5			10		

코칭 동의서

코치가 고객에게 제공하는 서비스를 코칭 혹은 전화 코칭이라고 하며, 고객과 연대하여 함께 기획하는 것으로 한다. 코칭은 충고나 치료요법, 상담과는 다르며, 구체적인 개인 프로젝트, 사업의 성공 혹은 고객의 삶이나 직업에 대한 전반적인 상황에 대해 다루게 될 것이다. 그 외에도 코칭 서비스에는 고객의 가치를 규명하는 작업과 브레인스토밍, 실천 계획 세우기, 생활 운용 방식에 대한 검토 과정, 분명한 판단을 위한 질문 과정, 그리고 필요한 경우에 강력한 요청 사항들이 포함될 것이다.

코치는, 고객이 코치에게 제공한 모든 정보는 엄격하게 비밀이 유지될 것이라는 점을 약속한다. 코칭관계가 지속되는 동안에, 코치는 솔직하게 개인적인 대화에 참여할 것이다. 고객은 어떤 질문을 하거나 요청할 때, 코치가 정직하고 솔직할 것을 기대할 수 있다.
고객은 코치의 지원에 기초하였다 하더라도 스스로가 내린 결정과 행동, 그 결과에 대하여 고객이 전적으로 책임을 진다는 것에 동의한다.

〈코칭 약속〉

1) 만남의 횟수 : 우리의 코칭은   년   월   일부터   주일에   회
                     분씩 정기적으로 진행한다.

2) 코칭 기한 : 나는   년   월   일 까지 코칭 시간 및 실행에 헌신한다.

3) 코칭 비용 : 1회 당   원으로 정하며, 총   회에   원으로 코칭 시작 전까지 지불한다.

4) 실행 : 우리는 시간을 내어 우리의 관계가 어떻게 진행되는지를 재고찰하고, 주어진 과제나 실행 계획을 충실히 하며 배운 것을 현장에 적용한다.

5) 일정조정 : 만일 일정 조정이 필요한 경우 내가 자진하여 미리 알리고 약속을 변경한다.
              (최소한 24 시간 이내)

                                              년   월   일

              [고객] 성명 :   (sign)

              [코치] 성명 :   (sign)

코칭 준비 양식

작성자: 코칭 일시:

코칭을 준비하는데 좋은 방법인 이 양식의 작성은 당신의 코칭 세션을 최대한 활용할 수 있게 합니다.

이번 코칭시간 전까지 하기로 약속한 것은 무엇입니까?

실행 목표	달성률(%)	만족도 (10점 만점)	비고

· 그 외에 지난 코칭시간 이후 내가 성취한 것은 무엇입니까?

· 아직 끝마치지 못한 것, 생각대로 안된 것은 무엇입니까?

· 지금 직면해 있는 과제들은 무엇입니까?

· 감사하고 고마운 것들은 무엇입니까?

· 이번 코칭 시간에 나누고 싶은 주제는 무엇입니까?

· 이번 코칭세션을 통해 새롭게 발견한 것이나 정리된 생각은 무엇입니까?

GRACE 코칭 피드백지

코치   고객

날짜		회기	

DISC 유형

● 점수는 10점 만점으로 기입 하시오.

항목	잘한 점	개발한 점	점수
G 목표			
R 인식			
A 실행			
C 협력			
E 존재			
총점			

전체
피드백

GRACE 코칭 피드백지

코치   고객

날짜   회기

DISC 유형

• 점수는 10점 만점으로 기입 하시오.

항목	잘한 점	개발한 점	점수
G 목표			
R 인식			
A 실행			
C 협력			
E 존재			
총점			

전체

피드백

코칭교육 전후 평가

1	상황이나 분위기에 맞는 내용으로 관계형성을 시작한다.	① ② ③ ④ ⑤
2	코칭 주제를 합의하고, 구체적인 목표를 도출한다.	① ② ③ ④ ⑤
3	의미나 가치를 점검하고 비전, 정체성 질문을 할 수 있다.	① ② ③ ④ ⑤
4	현재 상태를 점검하고 새로운 자원을 탐색하는 질문을 한다.	① ② ③ ④ ⑤
5	고객이 도출한 대안을 실행 계획에 구체적으로 반영할 수 있다.	① ② ③ ④ ⑤
6	주제로 다룬 내용과 실행계획 간의 연관성을 갖고 있다.	① ② ③ ④ ⑤
7	세션 운영과정에서 자연스럽고 자신감 있게 진행되고 있다.	① ② ③ ④ ⑤
8	코치와 고객으로서의 태도가 적절하다.	① ② ③ ④ ⑤
9	고객이 긴장감 또는 불편함 없이 편안하게 코칭에 임할 수 있도록 한다.	① ② ③ ④ ⑤
10	코칭대화에 대해 고객과 합의하고 비밀보장에 대한 내용을 언급한다.	① ② ③ ④ ⑤
11	고객의 감정과 상태에 대하여 공감을 표현하며 감정을 정확히 읽어준다.	① ② ③ ④ ⑤
12	필요한 상황에서 인정과 축하를 통해 에너지가 점차적으로 올라간다.	① ② ③ ④ ⑤
13	고객의 키워드를 활용하여 질문하며 코치의 직관을 사용한다.	① ② ③ ④ ⑤
14	고객과 코치 간의 코칭대화에서 침묵과 space를 충분히 활용한다.	① ② ③ ④ ⑤
15	부정적인 표현이 나타나지 않게 한다.	① ② ③ ④ ⑤
16	닫힌 질문을 사용하지 않고 전반적으로 열린 질문을 사용한다.	① ② ③ ④ ⑤
17	유도질문, 조언, 평가, 판단을 벗어나 중립적인 표현을 한다.	① ② ③ ④ ⑤
18	질문을 간결하게 하며, 명료하고 구체적이어서 고객이 쉽게 이해한다.	① ② ③ ④ ⑤
19	고객이 말하고자 하는 핵심을 코치가 말(키워드, 요약 등)로 표현한다.	① ② ③ ④ ⑤
20	주어진 시간 내(10~15분)에 코칭대화를 마무리 한다.	① ② ③ ④ ⑤
합 계		

코칭 보고서

코치   **고객**

날짜		회기	

시간   **분**

• 점수는 10점 만점으로 기입 하시오.

항목	내용	
	실행 사항	과제 점검
Between 세션		
주제 및 목표		
세션 내용		
사용도구 및 기술		
실행 계획		
지원 및 약속		
고객의 자각		
코치의 성찰	긍정 사항 : 개발 사항 :	

코칭 보고서

코치		고객	
날짜		회기	

시간 　　　　　분

• 점수는 10점 만점으로 기입 하시오.

항목	내용	
	실행 사항	과제 점검
Between 세션		
주제 및 목표		
세션 내용		
사용도구 및 기술		
실행 계획		
지원 및 약속		
고객의 자각		
코치의 성찰	긍정 사항 : 개발 사항 :	

| 코칭 윤리규정 |

(사) 한국코치협회 윤리규정

| 윤리 강령

1. 코치는 개인적인 차원뿐 아니라 공공과 사회의 이익도 우선으로 합니다.

2. 코치는 승승의 원칙에 의거하여 개인, 조직, 기관, 단체와 협력합니다.

3. 코치는 지속적인 성장을 위해 학습합니다.

4. 코치는 신의 성실성의 원칙에 의거하여 행동합니다.

| 윤리 규칙

제1장 기본윤리

제 1조 (사명)

1. 코치는 한국코치협회의 윤리규정에 준거하여 행동합니다.

2. 코치는 코칭이 고객의 존재, 삶, 성공, 그리고 행복과 연결되어 있음을 인지합니다.

3. 코치는 고객의 잠재력을 극대화하고 최상의 가치를 실현하도록 돕기 위해 부단한 자기
   성찰과 끊임없이 공부하는 평생학습자(life learner)가 되어야 합니다.

4. 코치는 자신의 전문분야와 삶에 있어서 고객의 Role모델이 되어야 합니다.

제 2조 (외국윤리의 준수)

코치는 국제적인 활동을 함에 있어 외국의 코치 윤리규정도 존중하여야 합니다.

제2장 코칭에 관한 윤리

제3조 (코칭 안내 및 홍보)

1. 코치는 코칭에 대한 전반적인 이해나 지지를 해치는 행위는 일절 하지 않습니다.

2. 코치는 코치와 코치단체의 명예와 신용을 해치는 행위를 하지 않습니다.

3. 코치는 고객에게 코칭을 통해 얻을 수 있는 성과에 대해서 의도적으로 과장 하거나 축소하는 등의 부당한 주장을 하지 않습니다.

4. 코치는 자신의 경력, 실적, 역량, 개발 프로그램 등에 관하여 과대하게 선전 하거나 광고하지 않습니다.

제4조 (접근법)

1. 코치는 다양한 코칭 접근법(approach)을 존중합니다. 코치는 다른 사람들의 노력이나 공헌을 존중합니다.

2. 코치는 고객이 자신 이외의 코치 또는 다른 접근 방법(심리치료, 컨설팅 등)이 더 유효하다고 판단되어질 때 고객과 상의하고 변경을 실시하도록 촉구합니다.

제5조 (코칭 연구)

1. 코치는 전문적 능력에 근거하며 과학적 기준의 범위 내에서 연구를 실시하고 보고합니다.

2. 코치는 연구를 실시할 때 관계자로부터 허가 또는 동의를 얻은 후 모든 불이익으로부터 참가자가 보호되는 형태로 연구를 실시합니다.

3. 코치는 우리나라의 법률에 준거해 연구합니다.

제3장 직무에 대한 윤리

제6조 (성실의무)

1. 코치는 고객에게 항상 친절하고 최선을 다하며 성실하여야 합니다.

2. 코치는 자신의 능력, 기술, 경험을 정확하게 인식합니다.

3. 코치는 업무에 지장을 주는 개인적인 문제를 인식하도록 노력합니다. 필요할 경우 코칭의 일시 중단 또는 종료가 적절할지 등을 결정하고 고객과 협의합니다.

4. 코치는 고객의 모든 결정을 존중합니다.

제7조 (시작 전 확인)

1. 코치는 최초의 세션 이전에 코칭의 본질, 비밀을 지킬 의무의 범위, 지불 조건 및 그 외의 코칭 계약 조건을 이해하도록 설명합니다.

2. 코치는 고객이 어느 시점에서도 코칭을 종료할 수 있는 권리가 있음을 알립니다.

제8조 (직무)

1. 코치는 고객, 혹은 고객 후보자에게 오해를 부를 우려가 있는 정보전달이나 충고를 하지 않습니다.

2. 코치는 고객과 부적절한 거래 관계를 가지지 않으며 개인적, 직업적, 금전적인 이익을 위해 의도적으로 이용하지 않습니다.

3. 코치는 고객이 고객 스스로나 타인에게 위험을 미칠 의사를 분명히 했을 경우 한국코치협회 윤리위원회에 전달하고 필요한 절차를 취합니다.

제4장 고객에 대한 윤리

제9조 (비밀의 의무)

1. 코치는 법이 요구하는 경우를 제외하고 고객의 정보에 대한 비밀을 지킵니다.

2. 코치는 고객의 이름이나 그 외의 고객 특정 정보를 공개 또는 발표하기 전에 고객의 동의를 얻습니다.

3. 코치는 보수를 지불하는 사람에게 고객 정보를 전하기 전에 고객의 동의를 얻습니다.

4. 코치는 코칭의 실시에 관한 모든 작업 기록을 정확하게 작성, 보존, 보관, 파기합니다.

제10조 (이해의 대립)

1. 코치는 자신과 고객의 이해가 대립되지 않게 노력합니다. 만일 이해의 대립이 생기거나 그 우려가 생겼을 경우, 코치는 그것을 고객에게 숨기지 않고 분명히 하며, 고객과 함께 좋은 대처방법을 찾기 위해 검토합니다.

2. 코치는 코칭 관계를 해치지 않는 범위 내에서 코칭 비용을 서비스, 물품 또는 다른 비금전적인 것으로 상호교환(barter)할 수 있습니다.

부칙

제1조 이 윤리규정은 2011.01.01부터 시행한다.

제2조 이 윤리규정에 언급되지 않은 사항은 한국코치협회 윤리위원회의 내규에 준한다.

윤리규정에 대한 맹세

나는 전문코치로서 (사)한국코치협회 윤리규정을 이해하고 다음의 내용에 준수합니다.

1. 코치는 개인적인 차원뿐 아니라 공공과 사회의 이익을 우선으로 합니다.

2. 코치는 승승의 원칙에 의거하여 개인, 조직, 기관, 단체와 협력합니다.

3. 코치는 지속적인 성장을 위해 학습합니다.

4. 코치는 신의 성실성의 원칙에 의거하여 행동합니다.

만일 내가 (사)한국코치협회의 윤리규정을 위반하였을 경우, (사)한국코치협회가 나에게 그 행동에 대한 책임을 물을 수 있다는 것에 동의하며, (사)한국코치협회 윤리위원회의 심의를 통해 법적인 조치 또는 (사)한국코치협회의 회원자격, 인증코치자격이 취소될 수 있음을 분명히 인지하고 있습니다.

모듈 5.
정리하기

1. 가장 좋았거나 인상적인 것

2. 새롭게 발견되거나 정리된 생각

3. 실행계획 1가지

4. Key word 상기하기 (1~2분)

크리스천 코칭 워크북

CHRISTIAN COACHING

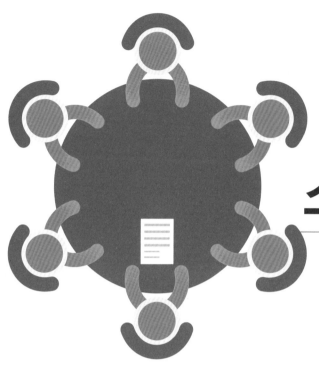

소그룹 코칭

제 00기 셀 리더 코칭교육

1. **주 제** : 셀 리더 / 예비 셀 리더 교육

2. **목 적** : 단기간의 실질적 교육을 통해 일정수준 셀 리더로서의 자질을 끌어올리고, 코칭리더십을 함양하여 소그룹을 잘 섬길 수 있도록 도움으로써 공동체가 부흥할 수 있도록 기여한다.

3. **기 간** : 5~8주

4. **장 소** :

5. **회 비** :

6. **교 재** : 크리스천 코칭 워크북

7. **커리큘럼** :

8. **진 행** :

   ① 탈 락 : 결석 1회

   ② 과정평가 : 출석률 (40%), 학습태도 (20%), 주과제물제출 (20%), MT출석(20%)

   ③ 평가보상 : 최우수상, 우수상, 벌금

   ④ 기 타 : MT는 당일 하루

9. **문 의** : 000 전도사 (핸드폰 :   / e메일:)

※ 이 커리큘럼은 예시이며, 각 교회의 사정에 따라 커리큘럼을 선별적으로 선택해서 기간과 내용을 다양하게 운영할 수 있다. 코칭은 몇 주에 걸쳐 따로 강의하는 것이 바람직하다.

교육 커리큘럼 예시

	일시	항목	세부 내용	비고
		오리엔테이션	•과정설명 •신청서 및 서약서 작성	
1강		소그룹 인도법	•순장지침 30가지 •순 인도법	
2강		성경공부 인도법	•귀납법적 성경공부 •질문법 워크샵	학습과제물
3강		성령의 열매와 강점	•성령의 9가지 열매 •강점찾기	학습과제물
4강		은사	•은사체크 •은사의 이해	학습과제물
5강		관계	•구성원과의 관계 •DISC 성격유형	학습과제물
6강		소통	•구성원과의 대화 •경청, 질문, 피드백	학습과제물
7강		코이노니아 교제법	•Ice Break 강의 •나눔과 실습	M.T(실습)
8강		코칭	•코칭대화모델 •소그룹 적용	학습과제물
		목사님 교제	•티타임 •나눔과 격려의 시간	간증문제출
		수료식	•시상식 •축복의 시간	

소그룹 인도법 지침

하늘과 땅의 모든 권세를 내게 주셨으니 그러므로 너희는 가서 모든 족속으로 제자를 삼아 아버지와 아들과 성령의 이름으로 세례를 주고 내가 너희에게 분부한 모든 것을 가르쳐 지키게 하라. (마 28:18-20)

네 양떼의 형편을 부지런히 살피며 네 소떼에 마음을 두라. (잠 27:23)

〈참조〉 벧전 5:2-3, 시 126:5-6, 요 13:1, 행 20:31, 딤후 2:1-2, 살전 2:7-8, 살전 1:7, 행 20:28, 엡 4:13

1) 목적을 균형 있게 추구하라.

① 영적 성장 (양육)

② 순원 간의 사귐 (교제) ⇒ ④ 삶의 변화와 성숙 (제자 → 나눔과 전도)

③ 교회 사역에 기여 (사역)

2) 순장은 거룩한 직분이고 작은 목사이다. (요 21:15-17)

3) 순장으로 섬기는 동기를 분명히 하라.

4) 이번 순 term 동안 좋은 일이 많이 있을 것을 선포하며 기대감을 주어라.

5) 친교 과잉증을 경계하라.

6) 옥에 티(?)를 보내주심을 감사하라. (포기도 말고 편애도 말라.)

7) 순원들의 개별적 양육 및 기도의 목표를 설정하라.

8) 순장 노트를 준비하라.

9) 주중 반드시 1번 이상 전화하라.

10) 나를 위해 늘 기도하고 있다는 느낌을 충분히 가질 수 있도록 하라.

11) 리더쉽 결정에 적극 순종하고 긍정적으로 이해시켜라.

12) 순원들은 격려가 필요하다.

13) GBS 공과준비 및 교안작성에 심혈을 기울여라.

14) 대화의 황금비율 1:3을 지켜라.

15) 질문에 지혜롭게 대응하라.

① 곤란한 질문시　　　　　④ 대화를 독점할 때
② 모르는 질문시　　　　　⑤ 주제와 다른 질문할 때
③ 답이 틀렸을 때　　　　　⑥ 태도가 미온적일 때

16) 편안한 분위기를 조성하라.

17) 삶을 진솔하게 나누도록 하라.

18) 균형감을 놓치지 않도록 하라.

19) 적절한 유머는 양념을 치는 것과 같다.

20) 기도로 마무리 하라.

－ 합심기도　　－ 대화식 기도　　－ 분담기도　　－ 짝기도
－ 침묵기도　　－ 릴레이 기도　　－ 중보기도

21) 순 모임이 냉냉하면 큰 열정을 쏟아 부어라.

22) 고난을 카운셀링하는 기법을 습득해 두라.

23) 모든 모임은 거룩하고 그리스도의 향기가 나도록 유도하라.

24) 친밀감을 형성할 수 있는 별도의 시간을 가져라.

25) 섬김의 기쁨을 알게 해줘라.

26) Helper와 동역하라.

27) 순원들의 책임을 분명히 하라.
   – 격려와 책망

28) 교제폭을 넓혀줘라.

29) 배우기를 멈추지 말라.

30) 순원과 자신 앞에 담대하라.

성경공부 인도법 (질문법)

1. 성경 연구의 목적

1) 저자의 의도와 목적을 이해함.

2) 그것을 우리의 삶과 다른 사람에게 적용함.

2. 성경연구 방법

1) 연역적 성경연구

2) 귀납적 성경연구

3. 질문의 7가지 힘 : 적절한 보조 질문은 성경공부 인도의 핵심이다.

1) 질문은 마음의 문을 열게 한다.

2) 질문은 멤버들 스스로 생각하도록 자극을 줌.

3) 질문은 귀를 기울이고 집중력을 갖게 한다.

4) 질문은 흥미를 유발하고 성경공부의 의욕을 갖게 한다.

5) 질문은 성경에 대한 통찰력을 갖게 한다.

6) 질문은 스스로 성경의 진리를 발견하도록 도와준다.

7) 질문은 그룹 인도자가 독선적이 되는 것을 방지해준다.

4. 질문의 유형

1) 폐쇄적 질문

2) 수렴적 질문

3) 발산적 질문

4) 개방적 질문

5. 질문의 종류

1) 관찰질문 : 본문에서 관찰되어지는 질문

① 주제질문 ② 문체질문 ③ 배경질문

④ 일반적인 질문 : 문맥에 따라 보이는 대로 질문함, 6하 원칙, 접속사, 지시어

2) 해석질문 : 성경 구절의 의미를 이해하기 위해 돕는 질문

① 단어와 문장의 뜻   ② 목적   ③ 중요성   ④ 관계   ⑤ 배경

3) 적용질문 : 실제적 삶 속에서 관심과 문제들에 적용

① practical : 그 질문은 얼마나 현실과 연관성이 있습니까?

② possible : 그 질문은 가능한 행동으로 이끌어 줍니까?

③ personal : 얼마나 개인에게 적용되는 질문입니까?

(예시 1) 다음의 빌립보서 2:5-11절을 읽고 질문을 추출하라.

5 너희 안에 이 마음을 품어라 곧 그리스도 예수의 마음이니

6 그는 근본 하나님의 본체시나 하나님과 동등됨을 취할 것으로 여기지 아니하시고

7 오히려 자기를 비어 종의 형체를 가져 사람들과 같이 되었고

8 사람의 모양으로 나타나셨으며 자기를 낮추시고 죽기까지 복종하셨으니 곧 십자가의
죽음이시라

9 이러므로 하나님이 그를 지극히 높여 모든 이름 위에 뛰어난 이름을 주사

10 하늘에 있는 자들과 땅에 있는 자들과 땅 아래 있는 자들로 모든 무릎을 예수의 이름
에 꿇게 하시고

11 모든 입으로 예수 그리스도를 주라 시인하여 하나님 아버지께 영광을 돌리게 하셨느
니라

① 관찰질문

② 해석질문

③ 적용질문

(예시 2) 베드로전서 3:1-7을 읽고 질문을 추출하라.

① 관찰질문 (5가지)

② 해석질문 (5가지)

③ 적용질문 (2가지)

(예시 3) 창세기 22:1-19을 읽고 질문을 추출하라.

① 관찰질문 (5가지)

② 해석질문 (5가지)

③ 적용질문 (3가지)

(예시 4) 갈라디아서 3:1-18을 읽고 질문을 추출하라.

① 관찰질문 (5가지)

② 해석질문 (5가지)

③ 적용질문 (3가지)

성령의 열매와 강점

성령의 열매	사랑, 기쁨, 화평, 인내, 친절, 착함, 충성, 온유, 절제
강점	용기, 경청, 지혜, 영성, 정의감, 지식, 긍휼, 환대, 끈기, 호기심, 감사, 존중, 유연성, 용서, 믿음, 협력, 정직, 순종, 판단력, 희망, 온화, 민감성, 겸손, 공정성, 열정, 책임감, 신뢰감, 의지력, 창의성, 유머, 검소, 신중함, 정직, 리더십, 통찰력, 포용, 배려, 성실, 실천력, 소통, 균형감, 긍정성, 결단력, 의리, 사교성, 솔직성, 전문성, 자기관리, 규칙성

	성령의 열매		강점	
1				
2				
3				
4				
5				
6				
7				
8				
9				
10				

1) 응답된 진단

	성령의 열매	개수		강점	개수
1			1		
2			2		
3			3		

2) 자신이 생각하는 열매와 강점

	성령의 열매		강점
1		1	
2		2	
3		3	

3) 종합적 진단

	성령의 열매		강점
1		1	
2		2	
3		3	

은사 체크

1. 다음의 은사 체크 질문에 나오는 각 항목에 대하여 아래 점수를 사용하여 응답하십시오.

    0 = 절대로 그렇지 않다   1 = 거의 그렇지 않다

    2 = 대체로 그렇다   3 = 확실히 그렇다

2. 은사 체크 질문에 응답된 항목에 대한 자신의 점수를 다음의 진단표에 기록하십시오.

3. 오래 생각하지 말고 즉각적으로 생각한 것을 작성하시고, 아울러 되고 싶거나 갖고 싶은 은사를 생각하지 말고 자신에 대해 정직하게 체크하기 바랍니다.

4. 은사의 종류

A	다스림	B	사도	C	재주	D	예능
E	영분별	F	권위	G	전도	H	믿음
I	구제	J	돕는 것	K	대접	L	중보기도
M	지식	N	지도력	O	긍휼	P	예언
Q	목사	R	가르침	S	지혜		

5. 진단 결과표

	높은 점수(알파벳)	은사 종류
1		
2		
3		

진단표

항목 및 점수							합계	은사
1	20	39	58	77	96	115		A
2	21	40	59	78	97	116		B
3	22	41	60	79	98	117		C
4	23	42	61	80	99	118		D
5	24	43	62	81	100	119		E
6	25	44	63	82	101	120		F
7	26	45	64	83	102	121		G
8	27	46	65	84	103	122		H
9	28	47	66	85	104	123		I
10	29	48	67	86	105	124		J
11	30	49	68	87	106	125		K
12	31	50	69	88	107	126		L
13	32	51	70	89	108	127		M
14	33	52	71	90	109	128		N
15	34	53	72	91	110	129		O
16	35	54	73	92	111	130		P
17	36	55	74	93	112	131		Q
18	37	56	75	94	113	132		R
19	38	57	76	95	114	133		S

나의 역할과 관심사

※ 시간의 분량이 아닌 관심의 정도를 우선순위대로 체크하세요.

☐ 아버지	☐ 예배	☐ 수집	☐ 음악
☐ 어머니	☐ 기도	☐ 운동(헬스)	☐ 투자
☐ 형(오빠)	☐ 전도	☐ 운전	☐ 직장
☐ 언니(누나)	☐ 긍휼사역	☐ 등산	☐ 독서
☐ 동생	☐ 자원봉사	☐ 영화	☐ 교사
☐ 아내	☐ 사업	☐ 동호회	☐ 친구
☐ 애인	☐ 양육	☐ 요리	☐ 학생
☐ 조직의 책임자	☐ 애완동	☐ 식물키우기	☐ 세미나
☐ 기타( )			

1. 가장 즐거운 것은?

2. 가장 의미가 있는 것은?

3. 가장 좌절감을 느끼는 것은?

※ 우선순위와 관심도를 고려해서 그래프(파이, %)를 그리고 설명하기

DISC 대표적 성경인물

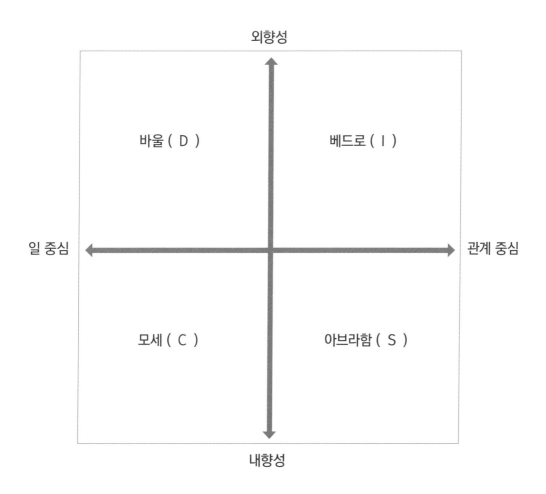

1. 경청

1) SOUL 경청 모델

SOUL 경청이란, 상대방의 영혼까지 포함한 전 존재적인 경청을 의미한다.

① Selfish   자기중심적 경청
② Opposite   상대중심적 경청
③ Unheard   공감적 경청
④ Lord's   하나님 음성 경청

2. 질문

1) 강력한 질문

질문은 의식의 씨앗이다. 고객의 의식에 질문이라는 씨앗이 심겨지면 생각이 자극되고, 호기심이 유발되며 열정이 일어나게 된다. 또한 사물에 대한 새로운 관점과 통찰력을 얻게 된다. 아울러 문제를 명확하게 인식하게 되고, 변혁적인 가능성을 찾게 되며 그에 맞는 행동을 촉진하게 된다.

2) 질문의 유형

① 열린 질문 vs 닫힌 질문
② 긍정 질문 vs 부정 질문
③ 미래 질문 vs 과거 질문
④ 중립 질문 vs 유도 질문
⑤ 가능성 질문 vs 취조형 질문

3) 입체적 인식 질문

① 추상적 질문(내적) –고객의 내면 생각과 가치관을 인식할 수 있는 질문

　　의미, 욕구, 중요성, 강점, 비전 등 다양한 내면을 탐색하는 질문

② 활동적 질문(외적) –고객의 행동이나 외적 반응을 인식할 수 있는 질문

　　실행, 선택, 행동, 습관, 패턴 등을 점검 및 촉진하는 질문

③ 시제적 질문(시간) – 과거, 현재, 미래 즉 시간의 축을 옮겨 자신을 인식할 수

　　있는 질문. 강점, 탁월성, 호기심, 열망, 잠재력 등을 발견하는 질문

④ 상황적 질문(공간) – 사람, 사물 등 자원이나 상황 등을 인식할 수 있는 질문

　　발견, 변화, 후원환경, 관점전환 등 다양한 상황을 점검하는 질문

3. 피드백

1) 칭찬과 인정

① 1단계 : 칭찬하기 – 외적으로 나타난 결과와 성취를 칭찬

② 2단계 : 인정하기 – 결과를 얻기 위한 과정과 노력을 인정

③ 3단계 : 존재칭찬 – 과정 중 드러난 자질, 성품, 탁월성 등 존재를 칭찬

④ 4단계 : 신뢰하기 – 변함없는 기대와 믿음, 지지를 표현

2) 성장형 피드백

성장형 피드백은 코칭 대화 가운데 상황이나 느낌에 대해서 솔직하게 의견을
나누는 것을 말한다. 성장형 피드백을 하기 위해서는 비난이나 비판, 또는 옳고 그름이 아
니라 '학습과 성장의 관점'에서 용기를 가지고 접근해야 한다.

축복의 선물 게임

축복하기

소그룹 내에서 서로 많은 축복을 주고 받는다. 이제 당신이 다른 사람을 구체적으로 축복하는 시간을 가져보자. 아래의 다섯 문장 가운데 하나를 선택한다.

그리고 리더가 먼저 오른쪽 사람을 축복한다. 모든 멤버가 돌아가면서, 서로를 축복한다.

자신이 축복가 통로가 되고 있음에 감사하고, 축복 받았음에 감사하게 된다.

당신은 최근에 _____ 이야기로 나를 축복하였습니다.

당신의 _____ 성격이 나를 감동시켰습니다.

나는 당신의 _____ 면을 닮고 싶습니다.

당신은 _____ 면에서 감탄할 만큼 다른 사람들과 좋은 관계를 맺고 있습니다.

내가 당신의 하나님에 대한 믿음에서 정말 높게 평가하는 점은 _____ 입니다.

지금 내게 필요한 것은

생기와 활력	자존감	방향성	관심	평정	안전	인정
관용	균형	활동성	자신감	보살핌	인식	건강
동기부여	대화	고독	헌신	묵상	안정	신뢰
통찰	기쁨	기도	친교	통합	용서	자기포기
믿음	목표	음악	웃음	후원	자기표현	친구
조화	로맨스	친밀감	인내	아름다움	민감성	자기인식
기술	기회	도전	다양성	조직	재능	절제
상상력	돈	책임감	교육	경험	자유	힘
에너지	축하	여유	위로	영양섭취	감동	수면
사랑	조정	유연성	연습	자기통제	공동체	여가활동

인생 엿보기

기본 1. 어렸을 때의 추억은 어땠는가?

기본 2. 살면서 가장 행복했을 때는 언제였는가?

기본 3. 가장 춥고 어두웠을 때는 언제였는가?

기본 4. 원하는 배우자상은 무엇인가?

기본 5. 예수님을 어떻게 인격적으로 만났는가?

기본 6. 당신의 10년후의 모습은? (비전)

1. 성격 중 가장 좋은 점과 나쁜 점은?

2. 일생에 가장 큰 영향을 끼친 사람은?

3. 죽을 때 묘비에 어떤 말이 써지길 원하는가?

4. 미팅이나 맞선 중 인상에 남았던 일은?

5. 당신의 첫 사랑은 어떠했는가?

6. 당신의 가장 아끼는 소유물은 무엇인가?

7. 10억의 돈이 생겼다면 어떻게 사용하겠는가?

8. 당신이 읽은 책 중에서 가장 영향 받은 책은?

9. 당신의 삶이 3일 남았다면 하루씩 어떻게?

10. 가장 즐거웠던 여행은 어떤 여행이었나?

11. 참고 견딘 끝에 가장 큰 성취감을 맛보았을 때는?

12. 다른 사람에게 도움이 되었던 보람 있었던 일은?

13. 당신은 어떤 엄마나 아빠가 되고 싶은가?

14. 좋아하는 성경인물과 그 이유는 무엇인가?

15. 지금 직업을 바꿀 있다면 무엇을 하고 싶은가?

16. 당신에게 영향 준 멘토가 있는가? 어떤 분인가?

17. 당신 성품을 5자로 표현하면? 이유는?(사랑과 열정...)

18. 당신이 제일 좋아하는 말씀구절과 찬양은?

19. 공동체에서 가장 친한 사람은? 어떤 만남이었나?

20. 당신이 자신을 볼 때 가장 자랑스러웠던 일은?

21. 하나님이 세 가지 소원을 들어주신다면 어떤?

22. 당신이 느끼는 하나님의 성품 중 가장 좋은 것은?

국내 및 국제 코치 인증단계

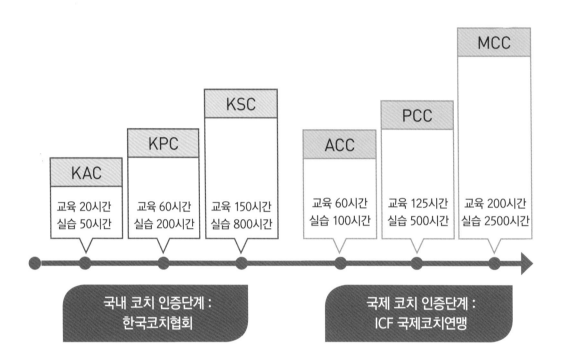

- KAC : Korea Associate Coach
- KPC : Korea Professional Coach
- KSC : Korea Supervisor Coach

- ACC : Associate Certified Coach
- PCC : Professional Certified Coach
- MCC : Master Certified Coach

크리스천 코칭 워크북

CHRISTIAN
COACHING

참고문헌

1. 켄 보그스외, 『사람들은 왜 나를 오해할까?』, 디모데, 2002

2. 홍광수, 『관계』, 아시아코치센터, 2011

3. 피터 와그너, 『은사를 발견하라』, 규장, 2003

4. 빌 하이블스외, 『네트워크 은사배치 사역』, 프리셉트, 2001

5. 정진우, 『소그룹을 살리는 아이스브레이커』, NCD, 2009

6. 홍광수, 『나는 내가 좋다』, NCD, 2010

8. 카알 야스퍼스, 『철학적 신앙』, 이화여자대학교 출판부, 1995

9. 마르틴 부버, 『나와 너』, 대한기독교서회, 2017

10. 찰스 스윈돌, 『은혜의 각성』, 죠이선교회, 2013

11. 하용조, 『비전성경사전』, 두란노, 2001

12. 폴투르니에, 『죄책감과 은혜』, 한국기독학생회출판부 IVP, 2001

13. 로라 휘트워스, 『라이프코칭 가이드』, 아시아코치센터, 2012

14. 존 휘트모어, 『성과향상을 위한 코칭리더십』, 김영사

15. 도미향외, 『코칭학개론』, 한국코칭학협회, 신정, 2016

16. 존 매쿼리, 『20세기 종교사상』, 나눔사, 1989

17. 찰스 스탠리, 『하나님의 음성을 듣는 법』, 두란노, 2010

18. 론 니콜라스, 『소그룹 운동과 교회성장』, IVP, 1986

19. 최영기, 『가정교회로 세워지는 평신도 목회』, 두란노, 1999

20. 이상화·채이석, 『건강한 소그룹 사역 어떻게 할 것인가』, 소그룹하우스, 2006

21. 빌 도나휴, 『삶을 변화시키는 소그룹 인도법』, 국제제자훈련원, 1997

22. 하워드 헨드릭스&윌리엄 헨드릭스, 『삶을 변화시키는 성경연구』, 디모데, 1993

23. 제임스C. 헌트, 『서번트 리더십』, 시대의 창, 2002

24. 존 맬리슨,『생동감 있는 소그룹 매뉴얼』, 성서유니온, 2005

25. 로리 베스 존스, 『인생코치, 예수』, 규장, 2004

26. 팻 시코라, 『소그룹 성경공부 어떻게 인도할 것이가』, 소그룹하우스, 2013

27. 랄프 네이버, 『셀교회 지침서』, NCD, 2002

28. 리로이 아임스, 『제자삼는 사역의 기술』, 네비게이토, 2002

29. 캐롤라인 리프, 『뇌의 스위치를 켜라』, 순전한 나드, 2015

30. 제인 크레스웰, 『그리스도 중심 코칭』, 그리심, 2015

31. 정진우, 『소그룹을 살리는 아이스 브레이크』, 2009

32. 김인수외, 『해결중심 단기코칭』, 시그마프레스, 2013

33. 토니스톨츠푸스, 『코칭퀘스천』, 스토리라인, 2016

34. 김한옥, "셀 교회의 유형들", 「목회와 신학」, 2013년 10월호

35. 윤병렬, "키에르케고르의 실존사상", 「신학지평」, 안양대학교 신학연구소, 2004

36. 이상일, "마틴 부버의 실존에 관한 연구", 건국대학교 석사논문, 2004

37. 이현주, "야스퍼스의 상호소통 개념과 철학교육적 탐구공동체", 이화여자대학, 2005

크리스천 코칭 워크북

초판 발행| 2019년 5월 20일

지 은 이 | 윤하준

발 행 처 | 브릿지코칭센터
편 집 장 | 박윤미
디 자 인 | 이보다나
인 쇄 소 | 거호피앤피

등록번호| 제2018-000217
주   소 | 성남시 분당구 성남대로 884-4 512동 102호
도서문의| 0505-300-2903, god-ire@hanmail.net

ISBN 979-11-966935-0-3 (13330)

(CIP제어번호 : CIP2019016656)
이 도서의 국립중앙도서관 출판예정도서목록(CIP)은 서지정보유통지원시스템 홈페이지(http://seoji.
nl.go.kr)와 국가자료공동목록시스템(http://www. nl.go.kr/kolisnet)에서 이용하실 수 있습니다.